著作得到广东省教育厅 2021 年度科研平台特色创新（哲学社科）课题，编号：2021WTSCX251 及 2021 年度广东省高职教育教学改革与实践项目，编号：GDJG2021002，东莞职业技术学院校级质量工程 JGZD201760、JPKC201704、ZYK201801 等基金项目的支持。

中国乡村旅游可持续发展研究

葛新旗　钱书成　著

吉林人民出版社

图书在版编目(CIP)数据

中国乡村旅游可持续发展研究 / 葛新旗 , 钱书成著
. -- 长春 : 吉林人民出版社 , 2022.8
ISBN 978-7-206-19167-1

Ⅰ . ①中… Ⅱ . ①葛… ②钱… Ⅲ . ①乡村旅游 – 旅
游业发展 – 研究 – 中国 Ⅳ . ① F592.3

中国版本图书馆 CIP 数据核字 (2022) 第 155130 号

中国乡村旅游可持续发展研究

ZHONGGUO XIANGCUN LÜYOU KE CHIXU FAZHAN YANJIU

著　　者：葛新旗　钱书成
责任编辑：赵梁爽　　　　　　　　　封面设计：袁丽静
吉林人民出版社出版 发行（长春市人民大街 7548 号）　邮政编码：130022
印　　刷：石家庄汇展印刷有限公司
开　　本：710mm×1000mm　　1/16
印　　张：11.5　　　　　　　　　　字　　数：206 千字
标准书号：ISBN 978-7-206-19167-1
版　　次：2022 年 8 月第 1 版　　　　印　　次：2022 年 8 月第 1 次印刷
定　　价：68.00 元

如发现印装质量问题，影响阅读，请与印刷厂联系调换。

前　言
Preface

　　乡村旅游作为我国旅游业的重要组成部分，如何使其规范发展，走向健康、持续的道路，将直接影响我国旅游业未来发展的速度和方向。可持续发展是当今主流的发展观，它所追求的是经济的增长、社会的进步，以及人类与自然的和谐统一。乡村旅游可持续发展强调乡村文化和乡村旅游环境的保护，强调发展旅游要以乡村资源和生态环境的承受能力为基础，符合当地经济、文化和社会道德规范，实现乡村旅游与自然、文化和生存环境的协调统一。乡村旅游的可持续发展是多层面的目标体系，它包括乡村生态可持续发展、乡村社会和文化可持续发展、乡村经济可持续发展。乡村旅游作为旅游的一部分，同样要遵循旅游可持续发展的一般原则。

　　在乡村旅游可持续发展理论的指导下，本书分七章对中国乡村旅游可持续发展方略与走向的研究内容以及研究范围进行阐述。第一章主要介绍乡村旅游的基础性知识、兴起与演进、内容与类型、意义与原则，旨在加深读者对乡村旅游的认知与理解；第二章聚焦可持续发展理论，并从文化、经济、自然环境三个方面入手分析乡村旅游可持续发展；第三章除了介绍欧洲、北美、日韩等国外乡村旅游项目外，还按照国内区域划分，阐述了我国华东地区、华南地区、华西地区以及华北地区、华西地区的乡村旅游发展经验；第四章主要阐述了乡村旅游可持续发展的核心问题、关键指标、运行环境、运行机制、影响因素及制约因素，有助于未来发展规划的制订；第五章主要基于旅游动力系统，分别针对乡村旅游可持续发展动力系统的驱动因子、内部矛盾以及整体优化做详细描述；第六章主要论述了乡村旅游与产业、生态、人文、科技、制度的融合与创新；第七章在总结理论和实践的基础上，针对我国乡村旅游的未来发展走向进行了分析，确定了几个重要方向，即康养旅游、教育旅游、特色小镇、乡愁旅游。

本书由葛新旗和钱书成写作。全书对乡村旅游可持续发展进行了全面梳理，并对国内外乡村旅游发展成功经验进行了归纳；同时，充分借鉴国内外经验，对乡村可持续发展进行了厘清，提出了符合未来乡村旅游的发展方向，为乡村旅游发展研究提供了理论支撑和实践依据，可供乡村旅游可持续发展管理者和研究者参考借鉴。

鉴于作者水平有限，书中难免存在不足之处，恳请各位读者予以批评指正。

葛新旗　钱书成

2022 年 7 月

目　录
Contents

第一章 时代热潮：乡村旅游

第一节 乡村旅游的基础性知识

乡村旅游作为世界范围内一种现代新型旅游模式及载体，是推动实现这一发展目标的重要途径。乡村旅游以独具特色的乡村民俗、民艺、民族传统文化为根本，以农民自身为经营主体，以城市居民为乡村旅游的主要目标人群，以满足都市人享受田园风光、回归淳朴民俗的愿景为特色，联合进行农业与旅游业的融合发展模式，社会、经济、文化、环境、生态综合效应十分显著。同时，乡村旅游作为我国加快新型城镇一体化进程的重要手段，对密切城乡产业关系、增加农民经济收入、解决乡村居民就业、改善乡村基础设施建设都具有重要的现实意义，是推动实现乡村可持续发展的有效途径之一。

一、乡村旅游概念界定

（一）乡村的内涵及特点

乡村与城市是构成当前社会的两大基本单元。中国自古以来就是以农业为中心的农业大国，创造了近五千年不间断的农业文明。农业自古就是国民经济的基础，而广大的乡村地区则孕育了中国悠久灿烂的传统文化。

乡村本身是一个很宽泛的概念，内涵十分丰富，有平面的，也有立体的；有静态的，也有动态的；有传统的，也有现代的；等等，形式纷繁多样。概括起来，乡村包含了其地区内部所有与生产和生活有关的事物，第一，其从事的产业是农业，以及与之相关的林、牧、副、渔等衍生产业；第二，生活环境是在行政区划上相对于城镇的地区；第三，是在几千年生产和生活中形成的各种形式的农业文化，包括生产方式、流程、工具、生活习惯、乡规民约、民间习俗等。

对于乡村的理解主要有以下两个方面。

一方面，乡村作为一个地理单元，"乡"是我国行政区划的基层单位，"村"是居住区。农民聚居的地方被称为"村庄"。"乡村"是非农业人口不超过30%的地区，主要从事农业耕作，人口分布较城镇分散的地方。它包括农区、林区、牧区和渔区，它有着各种各样的资源，大体上可分为以下几类：一是自然和人文景观，是乡村地域内各种自然赋存的景观和历史遗留的人类活动遗迹、遗址等，如乡村的山水田园、花草树木、古建筑、民风民俗等；二是建设成就类，指现代新农村在经济、政治、文化、环境等方面所取得的建设成就，如乡镇企业的厂房和产品、乡村选举制度、生活设施等；三是娱乐类，指为乡村居民休闲、娱乐、健身等服务的各种资源，如乡村戏曲、武术、杂技及各种人造娱乐设施等；四是意象类，指乡村的景观和文化给人留下的感觉形象，如乡村的居住方式、耕作方式等；五是商业类，指能为乡村居民带来商业利益的各种实物资源，如各种农产品、土特产及纪念品等。这些既是乡村最普通的资源，也是乡村旅游最具魅力的吸引物。

另一方面，乡村是相对于城市而言的，乡村地区在几千年的发展过程中逐渐形成了有别于城市的许多特点。相对于城市建设的标准化和模式化而言，我国的广大农村地区之间还存在较大的差异。我们有必要重新去理解乡村以及那里的生活，特别是大大小小的中国乡村，这些乡村就在我们的身边。

（二）旅游的概念及特性

1.旅游的概念

"旅游（Tour）"一词来源于拉丁语的"Tornare"和希腊语的"Tornos"，其含义是"车床或圆圈；围绕一个中心点或轴的运动"。旅游可以被看作一种往复的行程，即指离开后再回到起点的活动。完成这个行程的人也就被称为旅游者（Tourist）。关于"旅游"的定义也因视角的不同而各有侧重。政府部门和学术机构为了使旅游与其他学科，包括经济学、社会学、文化人类学和地理学等学科相对应，而对旅游做了各种各样的限定和提炼；经济学家主要关心旅游对国民经济和目的地经济发展的贡献，重视供求关系、外汇收入和国际收支平衡、就业和其他货币性因素；社会学家和文化人类学家主要研究个人和团体的旅行行为，更关注宾主双方的风俗习惯、传统文化以及生活方式；地理学家关心旅游的空间因素，研究旅行流向和地点、开发的范围、土地利用以及实体环境的变化。

《韦氏新大学词典》中对"旅游"的定义是"以娱乐为目的的旅行；为旅游者提供旅程和服务的行业"。[①]随着旅游的发展，国内外的许多学者纷纷对其进行了研究和解释，分别从旅游的交往、目的、流动、时间、相互关系、生活方式等不同侧面对旅游进行了定义。而 1942 年，瑞士学者汉择克尔（Hunziker）和克拉普夫（Krapf）对旅游定义为国际上普遍接受的国际定义，他们指出："旅游是非定居者的旅行和暂时居留而引起的一种现象及关系的总和。这些人不会永久居留，并且主要从事不赚钱的活动。"[②]该定义的目的在于指出在旅游活动中必将产生经济关系和社会关系，即强调了旅游的综合性内涵。由于这个定义于 20 世纪 70 年代为旅游科学专家国际联合会（AIEST）所采用，因此称之为"艾斯特（AIEST）定义"。

因此，旅游是人们在一段时间里离开居住地，寻求与谋生、物质生产和商业活动没有必然联系的、体验非常规的物质或精神生活的行为。[③]旅游是为满足人们精神需求而在特定时间内产生的一种离开居住地的活动，是一种精神消费。一种旅行活动能否称其为旅游，关键是看旅游主体是否带有游览意识，即主观的旅游意识。只要有旅游主体、客体的存在，而且旅游主体带有主观的旅游意识，并为之付出了客观的旅游行为，这种行为活动就可以被称为旅游活动。

2. 旅游的特性

从发展的角度来认识旅游，旅游实质上是一种生活方式。因为现代社会中的旅游不同于古代文人的游山玩水或徐霞客式的旅行和科学考察，它是人类社会中一种不断发展的生活方式。

（三）乡村旅游的概念

关于乡村旅游这种新的旅游方式，国内外学者的认识并不统一，不同的人有着不同的理解和关注点，可谓仁者见仁，智者见智，有"农村旅游""绿色旅游""乡村旅游""民俗旅游""乡村生态旅游""农家乐""农业旅游"等多种名称。歌德说过："理论是灰色的，而生活之树长青。"实践在不断发展变化，因此，当务之急是在实践中如何掌握乡村旅游的发展趋势。基于以上对乡村内涵和特点的分析，对旅游概念的界定，以及对旅游特性的阐述，为乡村旅游概念的界定提供了一些理论帮助，可以从以下几个方面来理解乡村旅游。

① 梅里亚姆·韦伯斯特公司.韦氏新大学词典 [M].9 版.北京：世界图书出版公司，1995：184.
② 章海荣.双重主客体的建立——文化与经济在旅游业中共生发展理论初探 [J].贵州民族学院学报（哲学社会科学版），1993（2）：19-24.
③ 张文.旅游影响：理论与实践 [M].北京：社会科学文献出版社，2007：3.

第一，乡村旅游的吸引物是乡村本身。乡村内涵具有多样性、广泛性的特点，包括自然、人文、社会等多种形式的资源，涵盖乡村的农事生产活动、农业景观、文化传统、风俗习惯、居住环境、自然景观等各方面，因此，乡村内部一切有吸引力的事物，都可以被视为乡村旅游的资源。游客可根据自己不同的精神需求，选择不同的体验方式，有的人向往乡村洁净的空气和宁静的生活环境；有的人钟情于乡土文化；有的人想体验乡村生活和农事活动；有的人则满足于自己对乡村的怀旧情结；等等。游客自身的成长背景、知识层次、生活环境等因素造成出游目的差异性，形成了度假型、观光型、体验型、学习型等多种类型的乡村旅游形式。

第二，乡村旅游产生的动机即旅游需求，是人们求新、求异，追求不同文化体验的一种心理诉求。当都市人群厌倦了紧张、枯燥、嘈杂的城市生活，清新、悠闲、宁静的乡村生活与之形成鲜明的对比，使人内心向往，为乡村旅游提供了良好的途径。

第三，乡村旅游的旅游群体以都市人群为主，既包括国内旅游者，也包括国际旅游者。乡村旅游是相对于都市旅游而言的。都市旅游在我国已经发展得较为成熟。都市旅游突破传统的以名山大川、历史遗迹等为主的资源概念，把居民生活、城市建设成就、主题公园等因素纳入资源的范畴，也可以说，旅游资源类型从原来的自然资源、人文资源扩展到社会资源。而乡村旅游的发展则是都市人群为追求异文化的体验，到与城市迥然不同的乡村旅游。乡村与城市生活形态、生产方式、自然环境、风俗习惯的差异性，构成了对都市人群的吸引，体现为城市向乡村的流动。当然，随着社会经济的发展，乡村与乡村之间也会形成对彼此的吸引力，但就实际情况来看，还是以都市人群为主。因而，乡村旅游的旅游群体必然是非本地的，而且根据差异越大吸引力越大的原理，乡村旅游的主体群体还是以都市居民为主。

综上所述，在界定"乡村旅游"这一概念时，不能简单地依据某一种形式来定义，应从不同现象中找出共同点。本书认为，乡村旅游应该是一个广义的概念，是在以乡村为旅游目的地，以乡村内部的一切事物为旅游吸引物，以都市居民为主要客源，其目的在于观赏、享受、体验与乡村生产和生活有关的各类动态和静态事物的旅游活动。

二、相关概念综合比较

（一）农业旅游与乡村旅游

农业旅游是相对工业旅游而言的，是农业功能拓展的一种形式。农业旅游把农业与旅游业结合在一起，利用农业景观和农村空间吸引游客前来观赏、游览、品尝、休闲、体验、购物的一种新型农业经营形态，即以农、林、牧、副、渔等广泛的农业资源为基础开发旅游产品，并为游客提供特色服务的旅游业的统称。

乡村旅游与农业旅游是相互渗透的，乡村旅游中有农业旅游，农业旅游中有乡村类农业旅游，而乡村旅游与农业旅游的交叉部分就是乡村类农业旅游。乡村类农业旅游是指发生在乡村地区的农业旅游，以农事生产、农业文化、农业生态、农业观光为内容的旅游活动，例如，去农村参与田地耕作与收获、农产品加工。乡村旅游与农业旅游既有区别，又有联系，二者不是等同关系，也不是互属关系，而是交叉关系，其交叉部分是乡村类农业旅游。乡村旅游中有农业旅游的形式，而农业旅游包括乡村类农业旅游与都市类农业旅游。同时，乡村旅游并不是农业旅游的放大或简单的倍加，二者既有区别，又有联系。农业旅游是相对于工业旅游的一个概念，而乡村旅游是作为区域经济的一种发展模式。乡村旅游将在更大范围和更高层次上产生作用，形成体量较大的中心景区。

首先，在资源的依托上，乡村旅游凭借的资源种类更为丰富，除了农业以外，还包括乡村的自然环境、人文景观和遗迹、乡村习俗等多方面的内容；其次，在作用方面，乡村旅游更能体现较大的综合拉动作用以及品牌效应；最后，在产业结构的调整方面，乡村旅游将延长旅游产业链，扩大产业面，形成产业群。但在发展的基础和条件上，两者又有很多相近之处。从某种意义上来说，农业旅游属于乡村旅游的一部分。

（二）生态旅游与乡村旅游

生态旅游的概念可以从两个角度理解：从宏观角度看，生态旅游是一种可持续发展的生态管理系统，以可持续发展、生态学、系统论思想为基础，实现环境、经济、社会三方面综合效益的最大化；从微观角度看，生态旅游是一种旅游活动形式或旅游产品，通过开发、保护和消费等活动实现政府、开发商、旅游者及社区居民等相关主体行为的协调发展。

笔者认为，关于乡村旅游与生态旅游的关系应当根据乡村旅游的发展现状来进行确定。例如，很多研究者将乡村旅游视为生态旅游的一种表现形式，原因就在于很多发达国家的乡村旅游十分重视自然环境与传统文化的保护，旅游者对当地旅游环境的自然景观与人文景观造成的破坏微乎其微，因此，乡村旅游是一种生态旅游。

（三）民俗旅游与乡村旅游

民俗是创造于民间又传承于民间的与人类生活密切相关的传统文化现象。这个概念包含三层意思：一是民俗的创造者是民间大众；二是民俗是一种传统文化；三是民俗存在于我们的生活当中。我国 20 世纪 80 年代才把民俗作为一项现代旅游活动来展开。传统的民俗学大致可以分为三个流派：一是以民间文学和民间文艺为研究对象的人文学派；二是以信仰传承为研究对象的心理学派；三是以人类生存、民俗事项为研究对象的社会学派或人类学派。其实，这也反映了民俗学三个主要方面的内容。民俗在形成时间上有传统和现代之分，在地域上有城市和乡村之分，因此，民俗并非只在乡村地区才有，城市也有许多有趣的民俗，而且许多还被开发成为旅游产品，如北京的"胡同游"，所以从这个角度来说，乡村旅游与民俗旅游还是存在不同的。

除此之外，二者又有相应的联系：首先，从资源依托上，民俗旅游除了利用城市民俗外，乡村传统民俗也是其旅游开发的基础，而在乡村旅游的发展中，乡土气息浓郁的各种习俗也是重要的旅游吸引物；其次，从旅游特性来看，无论是民俗旅游还是乡村旅游，都注重体验性，在旅游中体验当地民众的游艺活动、信仰、生产和生活民俗都是旅游者旅游的目的。

综上所述，任何事物都不是独立存在的，都与其他事物或多或少地存在着千丝万缕的联系。乡村旅游由于其凭借资源的多样性，不可避免地与其他种类的旅游形式存在交叉点和共同点（见图 1-1），因此，我们在研究问题的时候，应该按照哲学的方法，抓住问题的主要矛盾，找出乡村旅游发展的核心，再研究其发展的重点。

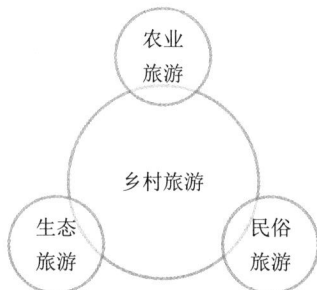

图 1-1　乡村旅游与农业旅游、生态旅游、民俗旅游的关系图

三、乡村旅游的本质特征

相对于传统的观光旅游、会议旅游、探险旅游或研学旅游，乡村旅游有其自身的特点。

（一）乡村旅游目的地的乡村性

乡村性是乡村旅游的核心和独特卖点，是吸引旅游者进行乡村旅游的基础和界定乡村旅游的一个主要标志。绿荫掩映下的村舍、袅袅升起的炊烟、敦厚古朴的风土人情、优美的田园生活和纯朴的乡村风味都是乡村旅游的具体体现。

（二）乡村旅游产品的体验性

乡村旅游是复杂的、多侧面的、多功能复合型的旅游活动。除了具备传统旅游项目的共性外，乡村旅游使旅客在主体行为上具有很大程度的参与性、娱乐性，它的本质在于体验。乡村旅游的客体主要是以城市居民为主的人群，他们或者对乡村生活完全陌生以至于对乡村充满好奇，或者本就出生在农村试图找回渐渐失落的记忆，或者曾经在乡村生活过想重新获得一种曾经熟悉而如今已经陌生的体验。生活在城市快节奏、高压力环境下的居民对自然的渴求更为强烈，在满足"怀旧"和"回归"追求的同时，不仅能够体验到乡村的民风民俗、劳作方式等独具特色的乡村民间文化，而且能够在欢愉之余购得自己满意的土特产品和民间工艺品，既增长知识，又丰富旅游情趣。

（三）乡村旅游时空的多变性

乡村旅游具有季节性特征和在空间上分散性的特点。乡村旅游资源受季节变化的影响，不同的节气有不同的自然和人文景观，而我国是拥有五千多年历史的文明古国，千里不同风，百里不同俗，各地都有风格迥异的乡村历史文化传统和民俗风情。每一种乡村景观类型都具有其特定的景观环境、景观行为、人类活动方式。所以乡村旅游呈现出多样性、多变性的特点。

（四）乡村旅游资源的可持续性

乡村旅游是发生在广大乡村地区的经济现象，是大农业和旅游业相结合产生的新型旅游产品。乡村地区的生态、环境、景观、建筑物、生产和生活工具、乡村的知识以及传统都可以成为乡村旅游的重要吸引物，是潜在的乡村旅游资源。可持续发展是现代旅游发展的基本要求。乡村旅游的发展必须贯彻可持续发展原则，因此对其资源开发与利用一般不以破坏原有的农业生态景观和人文景观为前提，要为子孙后代保留足够的生态环境和原汁原味的乡村人文景观。旅游者参与乡村旅游的主要目的是享受自然、回归自然，通过乡村旅游活动更加热爱自然，使保护生态、保护自然成为旅游者的一种自觉行为。

第二节　乡村旅游的兴起及演进

一、国外乡村旅游的兴起及演进

（一）国外乡村旅游活动的兴起

有关乡村旅游的起源说法较多。有研究者认为，现代意义上的乡村旅游起源于 19 世纪中叶的法国。1855 年，一位名叫欧贝尔（Auber）的法国参议员带领一群贵族到巴黎郊外度假，他们品尝野味，乘坐独木舟，学习制作肥鹅肝酱馅饼，伐木种树，清理灌木丛，挖池塘淤泥，欣赏游鱼飞鸟，学习养蜂，与当地农民同吃、同住。通过这些活动，他们重新认识了大自然的价值，加强了城乡居民之间的交往，增强了城乡居民的友谊。此后，乡村旅游在欧洲兴起并兴盛起来。

另一说法是乡村旅游起源于意大利。1865 年，意大利农业与旅游全国协会的成立，标志着该类旅游的诞生。该协会专门介绍城市居民到农村去体验农村野趣，与农民同吃、同住、同劳作，或者在农民的土地上搭帐篷野营，或者在农民家中住宿。旅游者骑马、钓鱼、参与农活，食用并购买新鲜的粮食、蔬菜、水果等农副产品。

总之，现代意义上的乡村旅游起源于 19 世纪的欧洲是大家的共识。

（二）国外乡村旅游的发展

国外乡村旅游起步早，发展比较成熟，其发展演变过程可归纳为萌芽阶段、全面发展阶段和成熟阶段。

1.萌芽阶段（19 世纪中叶至 20 世纪 40 年代初期）

乡村旅游的萌芽与当时欧洲的时代背景有着紧密的联系。18 世纪 60 年代起源于英国的工业革命加快了城市化进程，而快节奏的城市生活压力激发了人们返回大自然的需求。同时，工业革命使得社会生产的财富不再只是流向封建贵族和大土地所有者，也越来越多地流向了新兴的工业资产阶级，扩大了外出去乡村休息消遣的人群规模。此外，伴随着蒸汽机技术在交通运输领域的应用，火车和轮船的出现大大改变了人们外出旅行的交通条件，使大规模的人员流动在技术上成为可能，这也造就了近代旅游业发端。1841 年，托马斯·库克（Thomas Cook）利用包租火车的方式，组织了一次从英国中部地区的莱斯特市前往拉夫堡市访问的 570 人的大型团体旅游活动。在 1863 年，托马斯·库克再次组织了瑞士农村的第一个包价旅游团，这是最早的团队包价乡村旅游。自此，乡村团队游开始出现。旅行社的建立为人们突破传统的乡村旅游方式的限制创造了条件，扩大了人们外出旅游的时空区域，为乡村旅游的发展注入了新的活力。

工业革命改变了人们的工作性质。随着大量人口进入城市，原先那种随农时变化而忙碌的多样性农业劳动开始被枯燥的、重复的单一性大机器工业劳动取代。这一变化促使人们强烈要求休假，前往乡村寻找过去的生活节奏和乡愁记忆，以便获得喘息和调整的机会。

在工业革命之后的两次世界大战期间，战争对城市和乡村均产生了毁灭性的影响，使参战国家的乡村旅游几乎陷入停滞。但也必须认识到，尽管战争对乡村旅游的发展产生了严重破坏，但在发达的资本主义经济的孕育下，产生了部分与乡村旅游相关的新业态，为第二次世界大战后的乡村旅游发展奠定了基础。例如，1919 年，德国颁布了有关市民农园最早的法律《市民农园法》，规定市民农园的土地以租赁方式获得，土地可转让但不得买卖，农园用于自给或休闲，而非盈利性质的场所。1924 年，生态农业于欧洲兴起；20 世纪 30 年代得到较大发展，并逐步向美洲、亚洲扩展，在美国、英国、日本等国家得到发展，为乡村旅游的发展奠定了坚实的基础。

2. 全面发展阶段（20 世纪 50 年代初至 20 世纪 70 年代末）

第二次世界大战结束后，随着战后旅游活动恢复，乡村旅游的需求也快速发展。尤其在世界发达国家，乡村旅游产业不断转型升级，从功能单一、品质较差的乡村旅游初期产品逐步向功能丰富、品质提升、规模扩大、产业联动的现代乡村旅游业转型发展。因此，这阶段被称为现代乡村旅游阶段。在现代乡村旅游阶段，以欧美为代表的发达国家在其中扮演了重要角色，是乡村旅游的先行者。在当下的乡村旅游产品中，许多起源于这些发达国家，如乡村民宿、葡萄酒庄园等。乡村旅游之所以能够快速恢复并且规模持续扩大，其中所涉及的原因与当时相关国家和地区的经济和社会发展状况有关。总之，随着第二次世界大战的结束，各国均极力避免再次出现世界范围的大规模战争，几乎所有国家都将重点转移至自身的经济发展，使得该时期各国GDP均出现快速增长（见图1-2），人均GDP也在增长，人民生活水平提高，支付能力增强，是乡村旅游活动的发展和普及的重要经济基础。

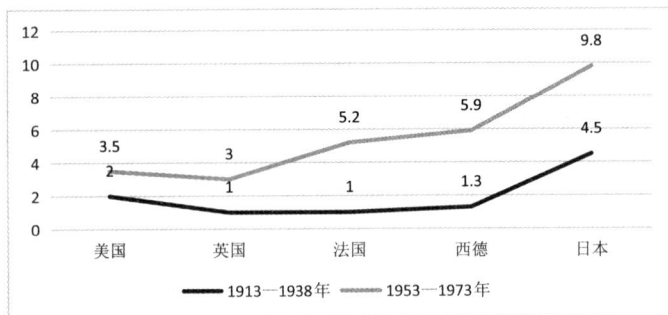

图1-2　19世纪部分国家经济增长速度的变化

3. 成熟阶段（20世纪80年代至今）

20世纪80年代后，传统单纯的观光活动已经不能适应城市旅游者的需求，受现代城市旅游的影响，乡村旅游功能开始不断扩展，满足旅游者娱乐、休闲、度假、健身、疗养等需求的参与性旅游活动被不断推出。此时，原始的农业园已转变为休闲农庄、农场，乡村已建成大量旅游接待设施，旅游业经营管理水平也逐步上升，乡村旅游的层次、品位和文化内涵进一步提高。这一阶段，发达国家乡村旅游主要的经营方式为农耕出租，即通过出租土地将农场出租给旅游者耕种，农场主向其收取租用费。

20世纪90年代以来，乡村旅游已经在很多国家发展起来，如澳大利亚、新加坡、日本、韩国。乡村旅游基本走上了规范的发展道路，并具有相当大的规模，显示出强大的生命力。

国外的乡村旅游经历了以上三个发展阶段后，其旅游产品也脱离了传统的乡村观光，乡村度假和个性化旅游成为主要的高层次的旅游需求；旅游发展目标也从最初在乡村地区旅游转变成真正意义上的乡村旅游。乡村旅游的发展如此引人注目，与其特殊的历史背景分不开。一个多世纪以来，由于工业化和城市化进程的不断加速，乡村的经济和政治地位发生很大变化。特别是近五十年来，由于技术进步，农业生产方式不断改进，农业劳动力需求下降，剩余农产品不断增加，这迫使政府采取措施限制农产品产量，许多乡村地区人口外移，人口数量不断下降，导致乡村服务业的萧条和乡村社区的衰落。随着年轻人口的外迁，乡村人口老龄化问题日益突出。而发展旅游业作为改变乡村经济结构的重要途径之一，自然引起了人们的广泛关注。20 世纪 50 年代以后，旅游业迅速发展，乡村旅游更是得到了蓬勃发展，引起了更广泛的关注（见图 1–3）。[①]

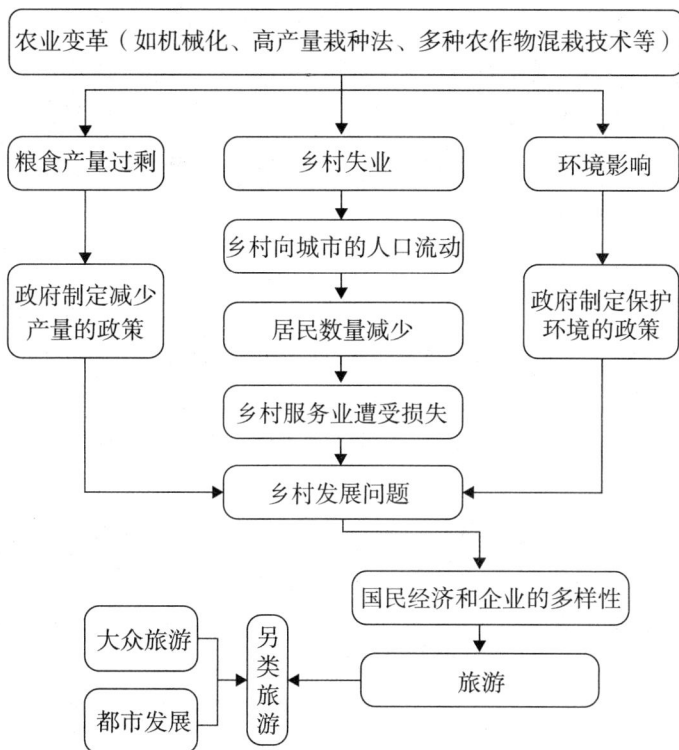

图 1–3　乡村旅游产生的背景

二、国内乡村旅游的兴起及演进

（一）国内乡村旅游的兴起

中国是一个农业大国，古代文人墨客的郊游和田园休闲活动很早就已经产生。后来，城市居民到城郊远足度假也十分活跃，但多是自助式的，而且旅游目的地处于"纯自然状态"，并非现代意义上的乡村旅游。在学术上，关于我国的乡村旅游起源一直以来都有不同的说法：一是认为我国国内的乡村旅游开始于 20 世纪 50 年代，因接待外事的需要，山东省石家庄村率先开展乡村旅游活动；二是 1982 年，贵州省开发了黄果树附近的石头寨民族风情旅游；三是

---

① 陈秋华，纪金雄. 乡村旅游规划理论与实践 [M]. 北京：中国旅游出版社，2014：7-13.

1984 年，以珠海白藤湖农民度假村为主要标志，开放地区的农民率先兴办了旅游类企业；四是 20 世纪 80 年代中后期，经济较发达的成都市郊区为了接待洽谈业务的客商，形成农家服务点，如 20 世纪 80 年代中后期成都市郫县友爱镇农科村的农户庭院接待等；五是由文化项目演变为乡村旅游点，其代表是贵州雷山朗德寨，1986 年被确定为贵州省首批重点保护的民族村寨，省、州、县相继将其作为民族风情旅游点来开发。

（二）国内乡村旅游的发展

1. 初期发展阶段（1988—2000 年）

20 世纪 80 年代中期，一些著名旅游景区的周边乡村开始发展乡村旅游。1988 年，改革开放较早的深圳首先举办了荔枝节，主要目的是招商引资，随后又开办了采摘园，并取得了较好的经济效益。此后各地纷纷效仿，开办各具特色的观光农业项目。20 世纪 80 年代末，位于成都市郫县友爱镇农科村的徐家大院，以秀美的花卉盆景和浓郁的乡风民俗为依托，整合家庭资源，自发地办起庭院餐厅，农家乐破茧而出，诞生了中国第一家农家乐。20 世纪 90 年代开始，在国家政策的扶持和旅游需求的推动下，乡村旅游逐渐发展壮大起来。近年来，休闲农业、观光农场、特色小镇和田园综合体等乡村旅游业态层出不穷，将乡村旅游业不断推向成熟。① 在这个时期发展的乡村旅游主要集中于具有特殊自然资源和文化特色的乡村地区，如安徽省皖南地区的西递、宏村和云南的少数民族地区。

1995 年 5 月 1 日开始实行双休日。1995 年，"中国民俗风情游"旅游主题与中国"56 个民族的家"宣传口号引导游客深入少数民族风情区；1998 年，"中国华夏城乡游"旅游主题与"现代城乡，多彩生活"宣传口号吸引大批旅游者涌入乡村。1999 年，春节、劳动节、国庆节调整为七天长假，但这一时期的乡村旅游的旅游功能和产品还是比较单一的，主要是乡村观光和乡村农家（农家乐）。

20 世纪 90 年代后，随着乡村地区观光农业园大规模的建立，逐步形成市民农园、教育农园、休闲农场、休闲牧场、农村留学、民俗农庄、森林旅游、高科技农艺园、多功能花园、乡村工业园、水乡旅游、田园主题公园、乡村生态旅游区等多形式的乡村旅游，表现为城里人到各类农业观光园采摘水果、钓鱼、种菜、野餐、学习园艺等的农业娱乐型活动。

---

① 罗言云，揭筱纹，王霞，等.乡村旅游目的地环境生态性规划与管理 [M].成都：四川大学出版社，2018：104-116.

此阶段发展特征表现为以开发观光农业为主，满足大众休闲旅游的需求，并向乡村度假型发展。这期间涌现出一大批具有鲜明乡土特色和时代特点的乡村旅游地与乡村旅游区，如北京市平谷区的蟠桃采摘园和大兴区的西瓜采摘园、安徽省淮北平原的"绿洲仙境"小张庄、江苏省江阴市的华西村、上海的都市农业园、广东省番禺市的农业大观园等。这些乡村旅游地的开发和建设，不仅为城市居民提供了新的旅游休闲地域与空间，而且为农民致富和农村发展开辟了新的途径。

2. 初具规模阶段（2001—2010 年）

进入 21 世纪，党中央、国务院高度重视乡村旅游的发展。2000 年，国务院办公厅转发的国家旅游局等部门《关于进一步发展假日旅游若干意见》明确了"黄金周"的概念。2002 年，我国出台了《全国农业旅游示范点检查验收标准》，在全国开展创建"全国工农业旅游示范点"工作，对各地发展农家乐起到了极大的推动作用。2004 年，我国推出"中国百姓生活游"的旅游主题，其目的就是通过旅游者走进百姓生活、百姓参与旅游活动、城乡游客互动，带动乡村社会经济的发展。

2006 年，"中国乡村旅游年"把中国乡村旅游建设推向高潮。形成一定规模的乡村旅游目的地主要集中在城市近郊、城乡接合部、江南古镇、古村落、中西部山村、少数民族村寨等地，乡村旅游资源的开发利用空间很大。2007 年，全国旅游宣传主题为"2007 中国和谐城乡游"。在中国共产党第十七届中央委员会第三次会议通过的《中共中央关于推进农村改革发展若干重大问题的决定》中明确提出要根据我国国情因地制宜发展乡村旅游，这是乡村旅游发展历史性的重大突破。2009 年，全国旅游工作会议指出：发展城乡旅游，已成为各地发展农村经济的重要"抓手"、培育支柱产业的重要内容、发挥资源优势的重要手段、促进城乡交流的重要途径、优化产业结构的重要举措，并启动乡村旅游"百千万工程"，即围绕旅游产业的全面发展，在全国推出 100 个特色县、1000 个特色乡、10000 个特色村。

这个时期全国乡村旅游开始全面兴起，各地涌现出大量的观光农业园，以观光功能为主、休闲功能为辅，主要包括观赏、品尝、购物、劳作、娱乐、农技学习、乡村文化欣赏、农民生活体验等，同时，还有大量农家乐出现。最初在国内开展的乡村旅游活动大多数是以观光旅游和周末休闲的形式出现的，多在大、中城市近郊开展，多数为都市农业旅游或农家乐式的乡村旅游，如四川的"农家乐"、北京的"民众旅游接待户"等，之后一大批以"体验农民生活，享受农村风光，欣赏农村风情"为主的新型乡村旅游产品在全国各地相继涌现。

3. 提升阶段（2011 年至今）

从 2011 年开始，农业部、国家旅游局在全国联合开展休闲农业与乡村旅游示范县和全国休闲农业示范点创建活动，其活动的目的是通过创新机制、规范管理、强化服务、培育品牌等方式，进一步规范提升休闲农业与乡村旅游发展，推进农业功能拓展、农村经济结构调整。

2017 年，为推动我国乡村旅游持续健康发展，进一步发挥乡村旅游在稳增长、促消费、减贫困、惠民生等方面的积极作用，巩固当前我国经济稳中向好的势头，国家发展改革委等 14 部门联合印发《促进乡村旅游发展提质升级行动方案（2017 年）》。该方案指出，集中采取一批有力、有效的政策措施，加大扶持力度，创新发展机制，改善基础设施条件，提高公共服务水平，健全市场监管环境，强化乡村生态环境和乡村风貌保护，全面提升乡村旅游发展质量和服务水平，推动乡村旅游成为促进农村经济发展、农业结构调整、农民增收致富的重要力量，成为建设美丽乡村的重要载体。

2018 年 10 月，国家发展改革委等 13 个部门联合印发《促进乡村旅游发展提质升级行动方案（2018 年—2020 年）》，提出鼓励引导社会资本参与乡村旅游发展建设，加大对乡村旅游发展的配套政策支持。

近年来，我国积极推动乡村旅游的发展。2019 年由文化和旅游部、国家发改委确定的第一批全国乡村旅游重点村名单公布，包括北京古北口村、浙江余村、贵州云舍村、四川战旗村在内的 320 个乡村入选。

在我国积极推动休闲农业和乡村游的发展过程中，2015 年国务院办公厅印发的《关于进一步促进旅游投资和消费》中指出，至 2020 年我国建成 6000 个乡村旅游模范村，形成 10 万个以上休闲农业和乡村旅游特色村，300 万家农家乐，爱益农民达 5000 万人。

2021 年中央一号文件《关于全面推进乡村振兴加快农业农村现代化的意见》重点提到了"休闲农业""乡村旅游精品线路"和"实施数字乡村建设发展工程"三项内容。

乡村旅游市场需求旺盛、富民效果突出、发展潜力巨大，是新时期居民休闲度假旅游消费的重要方式，也是促进农民增收、农业增效和农村经济社会全面发展的重要力量。明确乡村旅游发展的阶段性特征，将有助于加速我国乡村旅游的产业化进程，加速我国的城乡统筹发展，加速乡村旅游参与社会主义新农村建设、美丽乡村建设和乡村振兴战略的积极实践。

第三节　乡村旅游的内容和类型

一、乡村旅游的内容

从乡村旅游丰富的内涵中我们可以看出，乡村旅游是以乡村文化、民俗风情、乡村聚落、乡村田园景观、乡村自然生态环境等为旅游吸引物，以乡村社区为活动地域，以独具特色的乡村地域环境、生活方式与经历、农事劳作等输出方式来吸引乡村社区以外的游客；集观赏、考察、学习、休闲、娱乐、购物、度假等为一体的旅游形式。乡村旅游的基本内容详见图1-4。

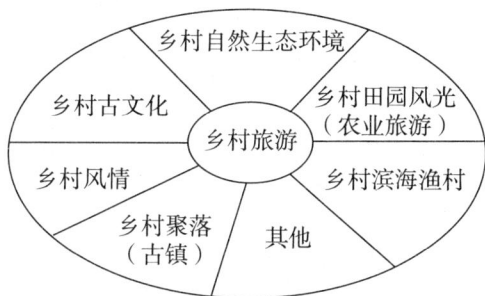

图1-4　乡村旅游的基本内容

乡村旅游的具体形式表现为以下几类。

（一）欣赏农村秀美的自然风景

广阔的乡村地域具有明显的生态性，既有秀美的河山、辽阔的草原等自然景致，又有美丽的田园风光。随着人们生活水平的提高，久居钢筋水泥建筑的城市居民期望走出城市的喧闹，回归自然的怀抱，亲身体验农村秀美的自然风光。我们调查的北京市昌平区，就属于全国著名的旅游胜地——地处燕山脚下，长城环抱，上风上水，一年四季空气一级。除了优美的自然风光与优越的地理位置之外，正是丰富的自然生态环境为这里的旅游业发展造就了其得天独厚的巨大优势。昌平区自然风光秀美，自然景观多样，既有风景秀丽的十三陵水库，又拥有蟒山、沟崖、碓臼峪、虎峪、白虎涧、双龙山、白羊沟、大杨山八大自然风景区。保护良好的自然生态环境，吸引了北京城区市民在节假日来此休闲观光、呼吸新鲜的空气、感受蓝天碧水、沐浴清风丽日。

（二）品味地道美味的农家饮食文化

和最早的农家乐相比，北京市昌平区的农家乐应该是最惬意和最有境界的。在昌平乡村旅游，农家饭倍受游客青睐，原汁原味的菜肴、传统的烹调方式、色香俱全的独特风味让游客胃口大开。这种朴实自然的餐饮文化与大城市的餐饮文化的差异形成了乡村饮食文化的独特风格。几个亲朋好友下榻在自然环境优美的农家小院，并围坐在小院内品尝地道可口的农家饭，谈笑风生，真是别有一番情趣。农家院主人的热情好客、真情款待，也让游客找到久别重逢的故乡之情及宾至如归之感。

（三）住宿农家院，体验农家生活

"衣食住行"，不管什么时候都是人们首先考虑的事情，即使在旅游时也不例外。在优美宜人的农村风光环绕下，独到且舒适的农家小院必将为旅游者的乡村出游增添实时的精彩与长久的记忆。住宿在农家小院，会使人感受到村舍纯朴的气息，感受到农家人憨厚的品行。宽敞明亮的四合院、整洁干净的农家大炕都让游客倍感亲切。住在充满乡土味的旅游村，会让人有一种家的感觉。在这里还可以了解农事生产，体验农家生活。

（四）感受乡风民俗，体验乡村文化

我国历史悠久、民族众多，各地区文化形式多样、丰富多彩。这些经过上千年熏陶、锤炼、沉积下来的乡村文化具有强大的生命力，大部分被认为是地区特有的民俗文化，是尚待开发的宝贵文化遗产。随着生活节奏的加快和工作压力的加剧，越来越多的城市居民更加注重休闲娱乐和放松心情，人们更加向往传统的民风民俗、和谐的人际关系、天人合一的人与自然的协调。于是，近年来越来越多的城市居民崇尚乡村旅游，如北京市昌平区开展了以"住农家屋、吃农家饭、享农家乐、交农家友"为主题的乡村旅游系列活动。来乡村旅游的城市居民可以在乡村中重新感受到淳朴的乡风民俗。农民的热情、开朗、好客会让游客深深体验到"熟人社会"的亲和力，体验到传统的优秀乡村亲情文化。

（五）参与农事劳动，体验农耕文化

随着现代生活步伐的加快、生活质量的提高，久居都市的人可能更加崇尚绿色、崇尚自然，追求返璞归真，渴望寻找到一份静谧、恬淡、回归自然的感受。游人来到农村，在欣赏自然美景、品尝乡村美味之余，还可以通过参观各个年代使用的农具，真切地体验我国悠久的农耕文化。游人还可以到农田中去

真实参与农事活动，在农民的指导下扶犁耕地、播种、锄草，采摘新鲜的瓜果蔬菜，收获劳动果实。游人通过这些活动既可以锻炼身体、陶冶情操，又能够体验到从事农业生产劳动的乐趣和艰辛，还可以在劳动中与农民进行亲切的交流和情感的沟通，增进彼此的了解，形成和谐的人际关系。

二、乡村旅游的类型

（一）观光型乡村旅游

观光型乡村旅游主要以绿色景观和田园风光为主题。观光型乡村旅游产品要想具有持续长久的生命力，必须突出当地的乡村特色，需要充分利用当地独特的旅游资源优势以塑造特色产品。

1.主要类型

观光型乡村旅游主要包括观光农园、观光牧场、观光渔村、观光鸟园、乡村公园、科技观光游、田园观光和绿色生态游。

2.案例：山东胶东半岛渔村

山东东部的胶东半岛沿海地区，以渔业生产、渔民生活和胶东地区特有的地理、自然资源为基础，形成了独具特色的"胶东渔村"（见图1-5）。渔村以荣成、蓬莱、长岛、日照等地最为典型。以成山头为界，半岛南部的海域，渔民习惯称之为"南海"，其渔业生产习俗受长江口一带的影响较多，渔船以鸟高、排子为代表，又善用坛子网、架子网等渔具；半岛北部海域，渔民习惯称之为"北海"，典型的渔村集中于荣成龙须岛、蓬莱大季家、刘家旺、长岛砣矶岛、莱州三山岛等处，渔业生产习俗以驾"大瓜篓"、打风网（围网）为特色。南、北渔村的海带草房、玉米面饼子、海产食品、天后崇拜、行船禁忌等习俗，都为别处所不多见。沿海渔民沿袭"齐人好逐利"的传统，外出经商的习俗历数十代而不衰。这方面突出的代表是蓬莱、龙口（黄县）、莱州（掖县）的沿海地带。"蓬、黄、掖"的买卖人不仅在东北地区有很大影响，在京、津、沪等地也多见他们的足迹。

20世纪90年代以来，胶东地区相继开发出以长岛和日照"渔家乐"、荣成"胶东渔村"等为代表的，以传统渔家生活为主题的乡村旅游产品，在国内市场上成为知名的旅游品牌。

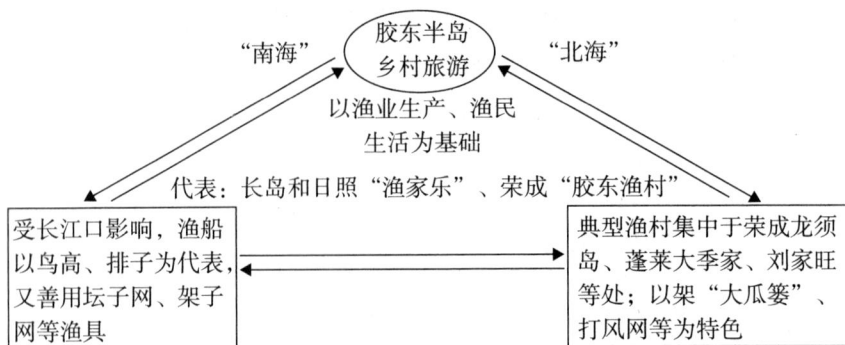

图 1-5　山东胶东半岛乡村旅游

（二）休闲度假型乡村旅游

休闲度假型乡村旅游主要依托自然优美的乡野风景、舒适怡人的清新气候、独特的地热温泉、环保生态的绿色空间，结合周围的田园景观和民俗文化，兴建一些休闲、娱乐设施，为游客提供休憩、度假、娱乐、餐饮、健身等服务。

1. 主要类型

休闲度假型乡村旅游主要包括休闲度假村、休闲农庄、乡村酒店、特色住宿等。

2. 案例：广东顺德长鹿休闲度假农庄

长鹿休闲度假农庄建于 2002 年，集岭南历史文化、顺德水乡风情、农家生活情趣，是以吃、住、玩、赏、娱、购于一体的综合性景区，是休闲娱乐、旅游度假、商务会议的最佳场所。

（1）吃：岭南特色农家美食。

（2）住：超五星级湖景别墅。

（3）玩：游乐城、欢乐岛主题乐园。

（4）赏：农家五绝表演。

（5）娱：度假村 KTV、原始部落、瀑布游泳池、药浴温泉。

（6）购：特色购物一条街，汇聚东西南北地区各种驰名特产。

（三）时尚运动型乡村旅游

时尚运动型乡村旅游是一种全新的独特的乡村旅游，它以乡村性为基础，是乡村性与前沿性、时尚性和探索性相结合产生的新兴乡村旅游产品。这种旅游产品的主要销售对象是白领、自由职业者等年轻的创新型人群。

时尚运动型乡村旅游主要包括溯溪、漂流、自驾车乡村旅游、定向越野、野外拓展等。

（四）体验型乡村旅游

体验型乡村旅游主要是指在特定的乡村环境中，以体验乡村生活和农业生产过程为主要形式的旅游活动，同当地人共同参与农事活动、共同游戏娱乐、参与当地人的生活等，借以体验乡村生活或农业生产的过程与乐趣，并在体验的过程中获得知识、修养身心。

1.主要类型

体验型乡村旅游主要包括酒庄旅游、"做一日乡村人"、人工林场、林果采摘园等。

2.案例：杨家埠中国民间艺术遗产村庄

杨家埠中国民间艺术遗产村庄让旅游者在家庭作坊中，亲自刻印年画，亲自张贴年画或把自己刻印的年画带回家。

（五）健康疗养型乡村旅游

随着旅游者越来越关注旅游产品的医疗保健功能，国内外许多乡村旅游目的地有针对性地强化了其产品的医疗保健功能，开发诸如温泉、体验、按摩、理疗等与健康相关的乡村度假项目。健康疗养型乡村旅游的主要产品有森林浴、日光浴、划船捕鱼、骑马、散步、远足等。

1.主要类型

健康疗养型乡村旅游主要包括温泉旅游、散步远足、骑马游、骑车登山游等。

2.安案

（1）案例1：浙南健康小镇

浙南健康小镇位于浙江省龙泉市兰巨乡，背靠国家级自然保护区龙泉山，是长寿龙泉第一乡，是好山、好水、好空气的齐聚地，同时食药材资源极其丰富，是健康食养、药养绝佳福地，是利用其得天独厚的生态条件和长寿特色，发展农业观光、健康餐饮、休闲娱乐、养生度假等多功能的健康长寿小镇。

（2）案例2：大泗镇中药养生小镇

大泗镇中药养生小镇位于江苏省泰州市高港区大泗镇的中药科技园，占地1240亩，总投资4亿元。该园以中药材种植为中心，为产学研相结合的示范性中药科技园。小镇以中药科技园为核心，打造"1+3+X"的发展体系，"1"为中药科技园，"3"指休闲娱乐、中药养生、医疗器械产业三大健康产业，"X"为舞台文化、养老、生态农业等多个配套产业，打造中药文化、养生文化、旅游文化的平台。

（六）科普教育型乡村旅游

科普教育型乡村旅游主要是利用农业观光园、农业科技生态园、农业产品展览馆、农业博览园或博物馆，为游客提供了解农业历史、学习农业技术、增长农业知识的旅游活动。

1. 主要类型

科普教育型乡村旅游主要包括农业科技教育基地、观光休闲教育农业园、少儿教育农业基地、农业博览园。

2. 安案

（1）案例1：深圳太空作物园

深圳太空作物园作为深圳农科集团与中科院合作建立的太空作物育种基地，是集科普教育、休闲观光、产品展示、科学研究、学术交流为一体的国内唯一一个太空作物主题景园。深圳太空作物园内展示了随我国神舟系列飞船及俄罗斯飞船搭载过的400多种农作物。

（2）案例2：上海崇明三岛现代农业园

上海崇明三岛现代农业园定位为都市型生态农业，其发展目标是高效生态农业，已形成以种植业为基础的低碳农业示范区、以设施农业为基调的生态观光旅游、以崇明优质农产品深加工为主的三大主导产业。

第四节　发展乡村旅游的意义与原则

一、发展乡村旅游的意义

在我国，"三农"问题是关系到国计民生和国家长治久安的重要问题，而"三农"工作一直以来都是我国经济建设工作中的重中之重。中央连续多年把"三农"问题列入"一号文件"，而发展乡村旅游被认为是解决"三农"问题的有效途径之一。总结对乡村旅游发展的研究，笔者认为当前在我国大力发展乡村旅游主要有以下几方面的重要意义。

（一）有助于解决我国"三农"问题

在 2021 年中央农村工作会议上，以习近平同志为核心的党中央分析了当前"三农"工作面临的形势任务，研究部署 2022 年"三农"工作，会议要求坚持把"三农"工作作为全党工作重中之重，脱贫攻坚成果得到巩固和拓展，全面推进乡村振兴迈出坚实步伐，为实现"十四五"良好开局奠定坚实基础。

发展乡村旅游，能够繁荣地方经济，带动相关行业的发展。旅游业是综合性的经济行业，通过提供行、游、住、食、购、娱等多种服务，带动和促进服务业及相关产业的发展。旅游业又是劳动密集型产业，与其直接相关的行业有食品加工制造、酒及饮料制造、烟草加工、棉纺织、医药制造、陶瓷制品、工艺美术品制造、商业、饮食业、运输业、公用事业、旅馆业、娱乐服务业等 26 个；间接影响的行业有种植业、林业、畜牧业、渔业、木制品及竹藤棕草制品制造、文化用品制造、自来水的生产和供应，以及建筑、金融、保险、卫生、体育、文化艺术和广播电影电视、综合技术服务业等 32 个。例如，为满足游客的食、住、游、行、购、娱等方面的需要，就必须发展餐饮业，建一些宾馆、招待所和农舍供游客休息；提供方便的交通工具和导游；建设一些可观赏的田园风光和可参与的劳动项目（如采收农产品、种植、养殖以及简单食品加工等）；提供丰富、优质的农业特产让游客购买；设置一些合作项目供游客投资；等等。这些都需要相关行业的发展与协调配套，而相关行业的发展反过来又可以促进观光农业的更快发展。这样各行业就形成一种互相促进、共同发展的良性循环。世界旅游组织认为，旅游业每增加一名直接就业人员，能为社会创造 5 个以上的就业机会；旅游业每收入 1 美元，可使国民生产总值增加 3.12 美元。

发展乡村旅游能够为农民提供就业机会，拓宽农民增收渠道，使农村尽快脱贫致富。开办城郊"农家乐"、民俗旅游、观光农业、农业园区等，都需要劳动力。发展乡村旅游首先能够解决经营者家庭成员中的剩余劳动力，若经营规模大的，还能为当地剩余劳动力提供就业机会，不仅增加了农民的收入，还能推动当地经济社会的发展。大力发展乡村旅游业，吸引城市及发达地区的人们前来旅游和消费，使旅游资源产生效益，将乡村资源优势转化为经济优势，使旅游商品的生产、交换、消费在发展缓慢的地区产生，逐步实现部分财富、经验、技术和产业向农村转移，从而使其脱贫致富。乡村旅游涉及农村种植业、林业、畜牧业、水产业等相关产业。

（二）有助于加快乡镇基础设施建设步伐

乡村旅游开发要与小城镇建设相结合。小城镇的建设要按旅游城镇的风貌进行控制，使小城镇本身成为旅游吸引物之一；同时可以依托小城镇发展乡镇企业、旅游商业，如农副产品的深加工、旅游纪念品的生产等。乡镇是各种生产要素和产业集聚的重要载体，在促进乡村经济规模化、集约化发展的过程中起着重要作用。乡镇对人流、物流、资金流、技术流、信息流有聚集效应，是旅游业经济的重要依托。发展乡村旅游，有利于推动城乡互动，缩小城乡差距，加快农村地区的城镇化进程，培育农村经济新的增长点，以旅促农、以旅助农，推动城乡互动，推进社会主义新农村建设。要按照国家旅游局和住房与城乡建设部共同形成的旅游小城镇开发理念，按照城乡规划和旅游发展的要求，以旅游型小城镇的建设来促进当地经济、文化和社会的协调发展，加快城镇化进程，将小城镇发展和延续历史传统、改善生态环境结合起来，在保护中开发，实现永续利用。

旅游业是一种具有特殊优势的外向型经济产业，它凭借旅游资源吸引中外游客，促进对外交流，增进了解和友谊，吸引外商投资，为繁荣地方经济搭桥、引线，吸引客商洽谈生意及投资办厂、办企业、搞旅游，同时能带来市场需求信息，促进科技、文化交流及技术和商品的交流；促使与之有关的生产食品、日用品、旅游商品、工艺品等乡镇工业得到发展；促进商品交换、商业繁荣、市场活跃；促进交通事业的发展，使闭塞的乡村对外开放，经济搞活；刺激当地农业的发展，特别是为旅游服务的农副产品、土特产品；促进乡村建设，改善乡村环境；带动农村基础设施建设，使农村环境卫生和村容村貌得到明显改善。

在乡村旅游经营开发中，解决旅游者的吃、住、行问题是非常关键的。游客对乡村旅游目的地的餐饮、住宿的卫生状况，接待服务水平，旅游接待地的居民素质及安全状况等十分关注，因此，景区要加大基础设施投入、改善人居环境、健全农村社会化服务体系，如给排水建设、道路整修、住房改造、厕所建设、生活垃圾处理等，科学建设乡村旅游设施，加快城镇化建设步伐，不断提高乡村旅游接待能力，满足乡村游客需求，增加农民收入，提高农民生活质量。乡村旅游的发展可以带动乡村基础设施建设，推动商业、旅游服务业发展，为乡村的城镇化发展提供物质基础，逐步实现"生产发展、生活宽裕、乡风文明、村容整洁、管理民主"的要求。

（三）有助于推动农村产业结构优化

伴随着休闲农业、绿色农业、现代化农业的兴起，乡村旅游增强了传统农业的延伸，促进了现代化农业体系的建设，推动了农村产业结构的优化和调整。

发展乡村旅游可以推动农村产业分工，从而形成以乡村旅游为中心的产业链：农家乐以及由农家乐经营带动的餐饮、服务业，种、养殖业，农副产品加工业，运输业等，拓宽了农民的劳动方式，有效地转移了部分农村剩余劳动力；以农村风貌、农业生产、农民生活、民俗文化、自然生态等为旅游内容的乡村旅游，使一部分农民成为旅游从业者，由传统农业的种养殖经济向多种经济转变。

（四）有助于增加农民收入、改变农民生活方式

发展乡村旅游有助于拓宽农民的收入方式，加快农民增收。乡村旅游的每个农家乐就如同一个小景点和小旅行社，只需要对农民原有的住宅、果园、鱼塘等进行少量的投资就可以满足游客的需求，产生较高的农产品附加值，从而增加农民收入、改变农民生活方式；同时，他们所投资的住宅、果园、鱼塘等，有游客时则经营，没有游客时则自己使用或运营，不会闲置和浪费。传统农业的主要收入多来自家畜、粮食和外出打工，劳动强度大，附加值低，主要靠青壮年创收，收入方式相对单一。乡村旅游从业人员不像别的行业有年龄限制，不仅为农民提供了更多的就业舞台，而且让他们不须离乡背井就可以获得丰厚的回报，推动了农村经济的发展。

（五）有助于吸引外出务工的农民回乡创业

发展乡村旅游有助于吸引外出务工人员返乡解决土地荒芜、空巢老人和留守儿童的问题。外出务工人员如果能够返乡发展乡村旅游，在得到更多收入的同时，可以照顾老人、教育孩子，并推动和谐农村的发展。

（六）有助于乡村精神文明建设和文明乡风营造

为了适应瞬息万变的市场环境，乡村居民应在旅游服务工作中不断学习，不断提高自身业务水平，培养自身的市场观察能力，把自己锻炼成社会主义新型农民。同时，从事乡村旅游工作的乡村农民在提升自身业务水平的同时，其服务意识、言行举止等自身素养都能得到提升，无形中也加快了乡村精神文明建设，更好地营造文明乡风。

（七）有助于促进传统民族文化的保护与传承

乡村旅游推动了现代农业经济体系的建设，使农村产业结构得到优化和调整。边远山区很难引进现代化工业，其乡村旅游的开发、生产和消费主要依靠现有物质条件，一般不改变土地现状和周边环境，有利于改善乡村生态系统和生产系统，实现可持续发展。生态环境是乡村旅游吸引旅游者的最初动因，因而乡村自然景色，原始、淳朴的民俗风情，是乡村旅游的基础和保护、开发的重点。

乡村旅游开发能使村民从中获利，使他们看到环境资源的价值，让村民对自身拥有的文化、自然遗产增强了村民的自豪感和保护意识，使乡村的自然资源和遗产得到有效的保护，使乡村的文化遗产得以传承和发展。村民开始关注环境卫生，注重环境保护，从而为农村生态环境的可持续发展奠定坚实的基础，促使农民积极主动地保护和建设良好的自然生态环境，维护乡村所依赖的资源。城市游客的到来，送来了城市的信息、技术和管理，促进了乡村旅游业服务质量和水平的提高。同时，政府对乡村旅游地的环境保护等又给予一定投入，使村寨生态环境得到改善。村民环保意识的提高和政府的关心支持，都能推动乡村生产结构调整，整治村寨环境，治理环境污染，提高森林覆盖率，减少水土流失，以促进原生态文化的保护与传承。

资源的开发与保护是个矛盾体，资源开发会对原先的状态造成破坏，尤其是对旅游地的文化造成较大冲击。发展乡村旅游对自然环境和生态平衡的要求，使村民认识到只有珍惜自然环境、保护民族文化，合理开发利用自然资源，保护生态环境，才能不断从发展旅游业中获取利益。因此，积极发展乡村旅游，能够推动自然景观资源和特色农业资源的保护，提高环境质量，促进农村经济的可持续发展。在一些已经开展乡村旅游的地区，许多古老的文化遗产正在得到人民的重视和自觉保护。例如，贵州省安顺市大西桥镇九溪村开发旅游后，村民自发成立了"九溪屯堡文化研究与保护中心"，发掘和研究传统文化，自觉进行村寨的遗产保护。

乡村旅游业是整合农村资源，带动农村综合发展的新动力。发展乡村旅游可以调动政府、集体、个人三方面投资，改善农村基础设施，保护自然生态，努力使农村生态环境、道路交通、供电供水、垃圾处理等方面发生明显改善，加速农村基础设施建设，促使村容更加整洁，从而达到社会主义新农村"村容整洁"的要求。

二、发展乡村旅游的原则

（一）科学规划原则

乡村旅游必须科学规划、严格管理，要科学制订旅游重点县、旅游小城镇及乡村旅游点的发展规划；加强对乡村旅游开发项目的指导，帮助农民利用和保护好旅游资源，防止项目功能雷同；制订基本的乡村旅游设施标准和接待服务标准，帮助农民改善卫生条件和接待条件，提高经营管理水平，突出特色，科学策划；通过系统规划，以乡土文化为核心，提高乡村旅游产品的品位和档次，要加强特色文化的内涵挖掘；要使观光农业成为真正吸引人，并能持续发展的一个产业，就必须根据当地自然和经济条件，进行科学规划、分期开发；发展初期最好是依托附近的风景名胜开发，使之形成一条专题旅游线或专题旅游区。

由于地理环境、区位、经济发展状况以及文化传统等诸多方面的差异，不同地区，乃至同一地区的不同村寨，其文化资源的类型和特点都会有所不同，很难简单模仿和套用固定统一的开发模式，因此要对文化资源进行分类评估、区别对待，探索不同的开发利用模式。资源的产品化、价值化是一个逐步推进的过程，要根据当地实际情况进行探索，寻找到最适合自身资源特点和类型的开发利用途径。有旅游活动就有商业活动存在，没有商店、旅舍、餐饮，就无法满足人们的需求；但商业活动过于频繁，又会冲淡乡村旅游的主题，导致游客反感，从而影响到乡村旅游的持续发展。乡村应该在保护环境的前提下，根据游客活动规律和数量，适当布局商业店铺，以保障旅游者的需求。充分利用现有设施，因地制宜，合理安排商业场所，并通过相应的权力机构形成制度与规范，既保证游客的需求，又使乡村可持续发展。

乡村旅游在很大程度上属于自然旅游，特别强调旅游活动场所与自然的和谐一致，规划时要尽量保持生态旅游资源的原始性和真实性，不仅要保护大自然的原始韵味，还应注意保持乡村旅游景观、景点的自然形态，在景区内不能建人文景观、人工景点，以免破坏景区自然风貌，避免因开发而造成文化污染，避免把城市现代化建筑移植到旅游景区。旅游接待设施应与当地自然及文化协调，推崇设计结合自然，保证当地自然与人的和谐意境不受损害，提供原汁原味的"真品"和"精品"给游客。景区内必须建设的旅游设施，其格调与外观要尽可能地与周围的自然景色相协调，体现自然、古朴的氛围，使游人真正能从旅游中感受到回归自然、返璞归真的妙趣。

由于乡村旅游地大多属于生态环境较脆弱的地区，为避免旅游活动对保护对象造成破坏，同时为了对旅游者进行分流，使旅游资源得以优化利用，乡村旅游地应进行功能分区，注重各景区、各景点的功能协调，进行统一布局、统筹安排、宏观调控、阶段发展，在发展建设上区分重点与非重点、先期项目与后期项目、对环境有利与不利等关系。

乡村旅游要重视生态环境教育，倡导科学文明；要结合景区内的自然资源和自然环境，通过寓教于游、寓教于乐等多种形式，向游人传播生态环境知识，以增强人们的生态环境意识；要充分发挥旅游区宣传教育基地作用，为社会主义精神文明建设服务，因此规划时须坚持旅游与宣传教育相结合的原则，认真考虑在生态旅游区中设计一些能启迪游客环境意识、帮助游客认识自然的旅游项目和辅助设施，如游客中心、标牌系统等，要起到人与自然相互沟通的作用，产生共鸣的效果。

规划中要强调社区居民的参与，强调给他们带来的经济利益和其他利益，解决当地村民就业，培养其从事旅游的一些基本技能，使村民直接从事旅游产品生产（如观光农业的生产者等）、直接参与乡村旅游服务、经营乡村旅游中介机构等多种形式，实现地区之间、产业之间、个体之间利益的再分配过程；提高村民的素质，帮助他们形成良好的心态，使他们能以更积极的态度参与旅游、支持旅游和爱护环境，从而确保旅游的可持续发展。

确定乡村旅游景点，要结合本地实际，认真进行评估，把乡村发展经济的需求与市场对产品的需要结合起来，进行科学规划、统一布局、突出重点；要根据当地的地形地貌特征和气候等现实条件，在种植、养殖基地的基础上，充分考虑其区位条件和交通条件，结合地方文化与人文景观，将生产与旅游综合考虑、统筹安排、合理布局、科学规划；对文化资源进行科学梳理和归类，准确把握各类文化资源的特性，认真分析哪些资源具备产业化开发的价值，其可持续发展的空间有多大，产品市场半径和容量有多大，并且据此确定开发投入力度及发展规模；要突出特色，以少数民族文化和乡土文化为核心，提高乡村旅游产品的品位和档次。由于各地区位条件、交通条件不同，并非所有的乡村旅游资源都能被开发出来，并取得经济效益，因此在开发时序和布局上要有一定的针对性，应结合当地历史与民族文化资源，依托区位优势和大型景区优势发展，以点带面、示范带动、突出特色，在科学的策划下发展乡村旅游。

（二）可持续发展原则

人类的活动总会给环境带来不同程度影响，乡村旅游也是一样，因此在编制和实施乡村旅游规划的过程中，无论是进行基础设施建设、环境工程建设，还是核心产品的打造，都要既考虑乡村当前利益，又要考虑乡村长远利益，切忌急功近利。开展乡村旅游的村寨或村寨群落，在旅游活动中要照顾到村寨的经济效益、村民（包括周边村寨的村民）和游客的利益；要增强村民保护文化遗产的意识，不断提高乡村旅游环境的管理水平；要加强乡村旅游地政府负责人、经营者和村民的旅游环境保护意识；制订乡村旅游环境发展规划，结合旅游功能划定的保护区、污染控制、生态建设、旅游区容量和旅游线路规划等，对旅游地环境进行科学管理和保护。

乡村生态环境保护的根本目的就是提高空气质量和森林覆盖率，减少水土流失，消除人为造成的地质灾害，保证饮用水源的水质、水量，防止地下水污染，保护和提高基本农田的质量等。乡村旅游开发能否在这些方面起到积极作用，不仅直接影响旅游开发，而且会影响新农村建设的进程。要正确处理乡村旅游中保护和开发民族文化的关系，在利用民族文化资源发展旅游业的同时，要保护好文化遗产。中国大部分乡村的自然景观和文化遗产有很多是不可再生的自然和历史文化遗产，一旦被破坏，就很难恢复。因此，乡村旅游开发必须坚持"保护第一，开发第二"的原则，形成保护—开发—保护的可持续发展道路。

旅游经济的发展是有规律的。乡村旅游目的地生态环境优良、民风淳朴、历史悠久、建筑风格独特、原生文化保存完好，这是吸引游客的亮点。开发乡村旅游，如果使这些内容受到损害，就失去了旅游开发的基础，因此，保护是开发的前提，开发是为了更好地保护。要加强资源保护，防止环境质量下降，要通过宣传和培训，提高村民和游客的环境保护意识；严格遵守《中华人民共和国环境影响评价法》，做好建设项目对环境的影响评估，减少不利影响；加大植树造林、绿化荒山的力度；贯彻"退耕还林还草"的相关规定，促进水土保持；加强村寨环境综合整治，消除村寨的环境污染；提高饮用水达标率，正确处理生活污水和生活垃圾；积极发展沼气，提高沼气利用率；保护古村镇的整体环境，维护古村镇的旅游形象，修缮旧建筑要保持原貌；坚持近期利益与长远利益相统一，局部利益与全局利益相兼顾，把旅游活动控制在资源及环境的"生态承载力"范围内。

旅游规划要充分体现人与自然和谐统一的生态联系，谋求经济、生态、社会三大效益的统一，维持旅游资源与环境的可持续发展，遵循经济、社会和环境相统一的原则，使旅游资源的开发在环境保护法律法规允许的范围内进行，改善旅游环境容量，增加旅游业发展的潜力。

（三）人才战略原则

人才资源是发展乡村旅游的核心要素。要加快建立政府扶助、面向市场、多元办学的培训机制，加强与教育、旅游、农业、劳动保障、民政等部门的人才培训规划对口合作，依托现有旅游培训机构和其他培训机构，分级分类开展培训，特别是要加强乡村旅游项目策划、开发，景区和家庭旅馆的经营管理，传统技艺和乡土文化讲解等各类实用人才的培训。

政府部门在发展乡村旅游中具有重要作用。要通过培训加深有关旅游管理部门领导的认识，尊重乡村居民的民主权利，切实推行社区居民参与旅游的可持续发展。已开展乡村旅游的地方，要加强乡村旅游资源的保护。政府部门要发挥主导作用，协调相关部门，形成发展合力，加强对乡村旅游的宏观调控和监督，促进乡村旅游的安全、健康发展，从整体上提高乡村旅游产品的质量。

农民在乡村旅游开发中具有不可忽视的重要作用。要把乡村旅游做大、做强，就必须加强对农民的培训。农民从事乡村旅游，在经营管理、接待服务、产品加工、食品卫生方面都需要进行技能培训和不断地学习提高。政府部门要开展灵活多样、不同形式的专业培训，通过培训，改进农民服务观念、服务技能、服务效率，推进现代化、标准化的旅游服务管理；要让当地村民在对自身文化资源的利用中获得利益，通过教育培训使他们成为当地旅游业发展的主体；要对他们进行乡村历史和民族文化等方面的知识培训，提高他们的文化遗产保护意识；要建立以当地村民为主的乡村旅游导游队伍，帮助他们对村寨的历史文化进行研究、整理。

经营管理者是乡村旅游发展的重要支柱。乡村旅游需要一支具备文化艺术修养、创新能力、文化产业经营管理能力的经营管理队伍。对经营管理者的培训，主要是增强他们的合法经营意识、保护生态环境意识，在对生态环境有效保护的前提下开发乡村旅游，以保持乡村旅游效益的持久性和高效性。

要引进优秀人才，有条件的可聘请国内外一流专家到当地指导。组织乡村旅游从业人员到旅游学校接受培训，或到乡村旅游示范地参观，这些对提高他们的素质有一定的帮助。

各级旅游部门要依托现有的旅游人才培训机构，配合项目开发制订乡村旅游人才培训规划，与教育、农业、劳动、民政等有关部门合作开展人才培养；要在乡镇建立工作联系点，有针对性地组织乡村旅游从业人员到外地参观成功的范例，学习和推广成功的经验，也可以组织省内乡村旅游开发成绩突出的项目负责人到各地介绍经验。

第二章 乡村旅游的可持续发展

第一节 乡村旅游可持续发展的理论基础

一、可持续发展理论的提出与兴起

（一）可持续发展理论的提出

1972 年，斯德哥尔摩第一次世界环境会议把环境问题提到国际议事日程，从此可持续发展问题引起了国际社会的普遍关注。1980 年由国际自然资源保护联合会、联合国环境规划署和世界自然基金会联合出版了《世界自然保护战略：为了可持续发展的生存资源保护》一书，第一次提出"可持续发展"的概念。1987 年以挪威首相布伦特兰夫人为首的世界环境与发展委员会正式发表了《我们共同的未来》研究报告，给"可持续发展"下了明确的定义。该报告指出：可持续发展是既满足当代人的需要，又不损害子孙后代满足其需求能力的发展。这一定义得到国际社会的普遍认同和接受。1992 年在巴西里约热内卢举行的国际环境与发展大会上通过了《地球宪章》和《21 世纪议程》，提出了全球可持续发展战略框架①。这次会议是可持续发展最重要的一块里程碑，是可持续发展理论获得全球范围认可的标志。如今，可持续发展问题已不再局限于一种概念、一种思想，而是世界普遍认同的一种原则、一种发展策略，成为人类发展的共同目标。

（二）可持续发展理论的兴起

可持续发展理论被提出后，引起各国的广泛关注，并迅速渗透到各个领

---

① 李天元.中国旅游可持续发展研究 [M].天津：南开大学出版社，2004：38-69.

域，旅游业当属其中。透过旅游业快速发展的光环，冷静下来观察，就不难发现其背后已经蕴含着可怕的危机。对旅游经济效益的盲目追求，对旅游资源的掠夺式开发，对景点的粗放式经营管理，导致旅游对社会、经济和文化发展的积极作用减弱，消极影响日益显现，并迅速损害到旅游业赖以生存和发展的环境。如何保持旅游业健康、持续发展，就成了人们思考的重要问题。1990 年在加拿大温哥华召开的全球可持续发展大会上，旅游组行动策划委员会提出了《可持续发展行动战略》草案，构建了可持续旅游的基本理论框架，并阐述了可持续旅游发展的主要目标。1995 年 4 月，联合国教科文组织环境规划署和世界旅游组织等在西班牙召开了"可持续旅游发展会议"，大会通过了《可持续旅游发展宪章》和《可持续旅游发展行动计划》，对旅游可持续发展理论的基本观点做了精辟的说明，为可持续旅游提供了一整套行动规范。《可持续旅游发展宪章》指出："可持续旅游发展的实质，就是要求旅游与自然、文化和人类生存环境成为一体"，也就是要求旅游必须与资源、环境和社会达到协调统一。

二、乡村旅游可持续发展的内涵

《可持续旅游发展宪章》中指出，可持续旅游包括三个方面的含义：在为旅游者提供高质量旅游环境的同时，改善旅游地居民的生活水平；在开发过程中维持旅游供给地区生态环境的协调性、文化的完整性和旅游业经济目标的可获得性；保持和增强环境、社会和经济未来的发展机会。乡村旅游可持续发展与一般意义上的可持续旅游发展理论具有本质上的一致性，因此，根据旅游可持续发展的内涵及乡村旅游本身的特性，乡村旅游可持续发展的内涵可以概括为以下几个方面。

（一）满足需要

发展乡村旅游，首先必须与当地经济有机结合，以其提供的各种机遇作为发展的基础，不断满足乡村旅游开发地的基本发展需要，满足当地居民长期发展经济、提高生活水平和社会发展水平的需要；其次要为旅游者提供高质量的旅游经历，满足旅游者对更高生活质量的渴望，实现自身发展与文化娱乐等高层次的需要。

（二）保护资源与环境

乡村旅游作为一种强有力的发展形势，应有效保护乡村旅游资源与环境，用可持续发展的观念与方法正确处理旅游开发与乡村旅游资源、环境和乡村文化特色的关系。乡村旅游发展必须建立在生态环境的承受能力之上，与乡村经济、文化、社会发展相协调，自觉、理智地循序渐进，并保障乡村资源利用的持续性。

（三）公平享受

乡村旅游要满足乡村旅游资源公平享受，一方面，同代人之间应公平受益、公平享有消费机会，不能一部分人受益，另一部分人来承担旅游带来的负面影响；另一方面，旅游资源和环境应该实现代际共享，当代人旅游需要的满足不能以旅游区环境的恶化为代价，剥夺后代人的社会发展能力和生活需求。乡村旅游不仅要满足当代人的乡村旅游需求，也要满足未来各代人公平享有乡村旅游资源的权利。

三、乡村旅游可持续发展的思想

世界旅游组织将可持续旅游定义为经济发展的一种模式，并具有以下特征：能够提高旅游区当地居民的生活质量；可以向游客提供高品质的旅游体验；在满足现实旅游者和当代居民需要的同时，保证旅游区环境免遭破坏。

无论对可持续旅游发展如何理解，有一点是可以肯定的：可持续旅游发展将对环境和当地的经济起到积极的促进作用，同时它可以增进人们对旅游业发展给自然、文化和人类生存所带来各种影响的认识；确保效益风险的平均化；从包括当地居民在内的社会各个阶层中寻求最终的解决途径，从而实现旅游业与其他资源利用的协调发展；规划与区域性管理相结合，使旅游资源的开发和资源的永续利用呈现合理、有序的发展状态；通过将自然资源、文化资源对社会经济发展、社会环境的重要性公示化，实现对这些珍贵资源的保护；对旅游发展所带来的各种影响实行监管和评估；建立一套切实可行的环境监督机制，并对由此产生的各种负面影响进行有效控制。

鉴于上面提到的内涵及基本思想，乡村旅游可持续发展的实质主要体现在以下四个方面。

（一）公平性

公平性指的是机会选择的平等性。这里主要涉及两层意思：一是同代人之间应公平受益、公平享有旅游及消费机会。乡村旅游可持续发展要求人们必须重视旅游地社区对旅游者的旅游质量所做的贡献，因此旅游接待地区居民有权参与本地旅游开发的重大决策，就其所期盼的社区类型出谋划策，并分享旅游业带来的收益。[①] 二是旅游资源和环境应该实现代际共享，当代人旅游需要的满足不能以旅游区环境的恶化为代价，剥夺后代人的社会发展能力和生活需求。当代人留给后代人开展旅游活动和发展旅游业的环境资源不应少于拥有的程度，每一代旅游开发者和经营者都应为下一代人的发展机会负起同样的责任。

（二）可持续性

乡村旅游需求的不断满足和生态环境的可持续性是旅游业有可能实现长期发展的首要条件。乡村旅游业的发展必须建立在旅游地区生态环境和社会文化环境的承受能力之上。旅游业的发展既要能够吸引足够数量的旅游者，并保证其旅游质量，又不至于使当地的环境和社会文化出现不可逆转的破坏性变化。提高人们对文化和价值观的认识，维护和增强社区的个性，是保障旅游地社会文化可持续的基础。经济的可持续发展要求效益的取得应以资源的有效利用和有效管理为前提。发展乡村旅游能取得经济效益，资源能得到有效的管理，以便能造福于子孙后代。经济效益是对乡村旅游经营者和相关部门经济投入的回报，是维系乡村旅游供给的重要因素。

（三）共同性

各国由于历史、文化、社会经济发展水平不同，旅游资源拥有程度及其使用状况不尽相同，有关旅游可持续发展的具体目标和政策不可能整齐划一，但是旅游可持续发展作为全球旅游发展的总目标，所体现的公平性和可持续性原则是相同的。围绕这一目标的实现，全球必须协同采取行动。因此，各国政府、联合国机构和非政府组织、旅游实业界、旅游接待地区民众以及广大旅游者对旅游可持续发展的实现都负有责任，旅游可持续发展的实现需要各方的规范合作。世界旅游组织在其所制定的《21世纪议程》中尤其强调指出，旅游可持续发展的实现需要（世界各地）坚定的承诺和协同一致的行动。其中，有关目标和政策上的承诺是由社会各个阶层和各个方面共同做出的。从根本上讲，这意味着政府和社会各个方面在增强对环境和发展问题的认识上必须确立有效的合作。

（四）利益协调性

这里所说的利益协调性主要是指主客双方的利益协调，即旅游者与接待社区之间的利益兼顾与协调。首先，乡村旅游的可持续性发展必须与当地经济有机结合，满足旅游开发地的基本发展需要，提高当地居民生活水平和社会发展

---

① 魏洁. 乡村旅游可持续发展路径探析 [J]. 广东蚕业，2021，55（11）：149-150.

水平。其次，旅游者希望能够被提供高质量的旅游经历，能充分体验旅游地所具有的独特的历史、社会与文化。这两个目标的实现缺一不可。所以，要使旅游业能够可持续发展，就必须使主客双方的利益得到兼顾，这既是旅游可持续发展的一项目标，也是一个实现旅游可持续发展的基本保障。①

乡村旅游的可持续发展在推动旅游业向前发展的同时，可以维持乡村旅游资源的合理、永续利用，保护和改善乡村生态平衡，还能带动农村经济的发展，增加农民收入，为今后农村经济的持续增长增加新的动力。改变传统的发展观念，杜绝短期行为，是实施乡村旅游可持续发展的根本保证。

四、乡村旅游可持续发展的原则

可持续旅游发展世界会议在 1995 年通过《可持续旅游发展宪章》，是世界各国对旅游业可持续发展做出的庄严宣言和承诺。它提出了 18 条可持续旅游发展的原则，这些原则为世界各国旅游业的可持续发展规定了一个共同遵循的大致框架，有着世界性的广泛意义。从这些原则出发，结合乡村旅游自身的特点，我国乡村旅游可持续发展主要应遵循以下原则。

（一）保护原则

乡村旅游发展必须建立在乡村旅游资源和环境的承受能力之上，符合当地经济发展状况和社会道德规范。可持续发展是对资源进行全面管理的指导性方法，目的是使各类资源免遭破坏，使自然和文化资源得到保护。乡村旅游作为一种强有力的旅游发展形势，应该通过健全的法律、政策、管理等手段来实现乡村旅游资源的有效保护。

（二）发展原则

保护是为了更好地发展，乡村旅游应与当地经济有机结合在一起，提高当地居民的生活水平，对当地经济和社会的发展起到积极的促进作用。

（三）协调原则

可持续旅游的实质，就是要求旅游与自然、文化和人类生存环境成为一体。自然、文化和人类生存环境协调发展是可持续发展的追求目标，而乡村旅游发展也应以这种协调手段为目的，不能破坏这种协调关系。

---

① 吕君.旅游可持续发展的本质及其研究意义 [J].北方经济，2006（12）：40-41.

（四）尊重原则

在制定乡村旅游发展战略过程中，要充分认识和尊重当地传统风俗习惯和社会活动准则，注意维护地方特色、传统文化和乡村旅游地的特点，要尊重旅游地居民对传统文化的自主传习和自动演进。乡村旅游活动的开展应该基于传统文化族群自觉、内在的意愿。

（五）合作原则

为了保护自然和文化资源，使乡村旅游健康、持续、稳定地发展，所有从事乡村旅游的组织和个人应该团结一致、互相尊重和积极参与。相邻地区之间在政府主导下，密切协作，特别是乡村旅游环境保护薄弱的敏感地区，更应加强各方面的彼此协调和配合，加大环境保护的力度。

（六）满足原则

可持续发展的一个重要原则就是要以满足人类需求作为发展目标。发展乡村旅游要积极努力调动各方面因素，不仅要满足乡村旅游开发地的基本发展需要，还要给旅游者提供一个高质量的旅游经历。

（七）公平原则

发展乡村旅游应该考虑民族、地区之间的社会平等发展，考虑未来各代人的利益和需求，保护好乡村旅游资源和环境，为后代人提供平等发展的机会。

（八）参与原则

乡村旅游要强调广泛的参与性。政府、开发者、民众都是乡村旅游活动的主要参与者，特别是当地民众的参与，他们的积极参与是乡村旅游可持续发展的重要保障。

（九）真实原则

发展乡村旅游要尽可能地突出农村天然、朴实、绿色、清新的乡土特色，强调天趣、野趣，力戒人工化和过度商业化，尽力展现乡村旅游的吸引魅力。

以上原则反映了可持续发展对乡村旅游的内在要求。当然，在乡村旅游发展过程中，不同的地区都有不同的情况，但不管具体情况如何变化，这些原则是始终应该遵循的。

第二节 乡村旅游的文化可持续发展

一、旅游对乡村文化魅力的冲击

旅游可持续发展的实质就是保持自然、文化和人类生存环境三者之间的平衡关系不被破坏，其中，文化在这一关系中起着决定性的作用。旅游文化贯穿于整个旅游活动的全过程，与发展旅游经济、保护旅游环境密切相关。没有丰富文化内涵的旅游是缺乏竞争活力的，因此，加强旅游文化环境的建设，提高旅游的文化品位，对于保证旅游业健康、稳定、快速发展有着十分重要的意义。

为了赢得更为广阔的市场，避免和其他旅游地出现致命的雷同，如今乡村旅游地都在地方文化上大做文章，通过展示地方文化的独特魅力来吸引客源，谋求发展。

地方文化主要包括当地的饮食、建筑、民俗风情、名人逸事及神话传说等。这些独具地方特色的文化是一个地方区别于其他地方的显著标志，也是一个地方吸引游客的重要旅游资源之一。加上人们旅游已经不再停留在纯粹的观光层面上，往往还包含了诸如体验、再教育等多种目的。所以，文化资源开发和利用的前景十分广阔，理应成为乡村旅游资源开发的核心部分。

在各种文化资源当中，民俗风情是一个地方特色文化的精华，也是最能展示一个地方文化魅力的载体，在旅游开发过程中常被旅游开发商看重。

有一种说法，旅游是增进世界各地人民相互了解，促进世界各国人民和平相处的最佳方式。总的来说，旅游确实是起到了这样的作用，影响也是深远的。虽然我们在进行旅游开发的时候，往往只关注开发能否产生经济效益，但旅游毕竟还是一种社会现象，如果在进行旅游开发的同时不注意文化建设，那么最终的结果，可能是旅游开发将以失败而告终。

二、乡村旅游开发能够带动乡村可持续发展

乡村旅游开发能够发挥旅游者对农村社区生活的示范效应，有益于乡村旅游的可持续发展。陈绍友以农村到城市的衍变现象研究了有关效应：农村旅游接待者与游客物质和文化两个方面的相互交流，将促使主人在生活方式方面全

面效仿客人，并最终将这种方式涵化为自己的生活方式，如此一来，城乡差别便会日趋缩小，从而达到城市带动农村的目的。因此，在乡村旅游的进一步发展中，将出现在被城市化的"乡村"外围再寻乡村旅游的发展地，从而形成"乡村→乡村旅游→乡村城市化→乡村旅游需求外围乡村→乡村旅游，新的乡村城市化"的推进浪潮，使大城市与大农村一步一步地真正联结。

华侨大学的李祝舜等人从心理和社会变化方面分析了这种效应：在旅游业发展中，旅游行业和旅游者的示范作用促使当地居民个体心理发生变化，大部分当地居民通过社会化过程转化为社会心理，社会心理变化促使社会文化变迁。旅游业如果盲目推崇外来文化，就容易引起传统文化的衰落；如果能正确处理好传统与现代的关系，则能实现社会心理的现代化。社会心理的现代化也有利于实现社会文化的现代化。社会文化现代化并不排斥优良的传统文化。[1]

乡村文化旅游的健康开发，要以乡土文化为核心，提高乡村旅游产品的品位和档次，避免商业利润驱动下的文化浅表开发甚至畸形发展，同时要改变乡村旅游产品结构雷同、档次低下的局面。在产品项目的开发和设计中，要在乡村民俗风情以及乡土文化上做文章，使乡村旅游产品具有较高的文化品位和较高的艺术格调。

从某种意义上说，旅游业发展的目的就是提高旅游被开发地区居民的生活质量，融入现代社会当中是这些地区居民的一大趋势。因此，寻找一条既能够保持原有的文化特色，又能够融入现代社会的出路，这是一个需要解决的问题。

第三节　乡村旅游的经济可持续发展

乡村旅游是一种生态产业，与农村经济中其他产业具有较好的契合性，在满足现代人的乡村休闲娱乐需求之余，还助力于推动农村经济朝"乡村主体化、体验生活化、农业现代化、业态多元化"的格局发展。近几年，随着我国经济持续稳定的发展及城乡统筹建设的贯彻，乡村旅游的规模越来越大，无论是游客数量还是旅游创收，都取得了骄人成绩。虽然我国围绕乡村旅游来发展农村经济的顶层设计起步晚于国外发达国家，但根据文化和旅游部提供的数据显示，2019 年我国乡村旅游人次达到 30.9 亿，实现旅游收入 1.81 万亿元，成为

---

① 李祝舜,蒋艳.欠发达旅游地社会文化变迁与社会心理现代化[J].北京第二外国语学院学报, 2003（5）：89-93.

农村经济发展与乡村振兴实施的重要着力点。2018 年中央一号文件《中共中央国务院关于实施乡村振兴战略的意见》明确提出"实施休闲农业和乡村旅游精品工程"的要求，并于同年 10 月印发了《促进乡村旅游发展提质升级行动方案（2018 年—2020 年）》。党的十九届五中全会更是明确提出，"坚持优先发展农业农村，全面推进乡村振兴"。可以说，乡村旅游的发展正当其时，必将为推动农村经济发展注入强劲动能。但与此同时，在乡村旅游与农村经济的互动关系下，乡村旅游可持续发展面临严峻考验，因此，对二者的可持续发展策略展开研究至关重要。

一、乡村旅游与农村经济可持续发展的互动机制

（一）乡村旅游为农村经济注入强大动力

互动理论实用主义学派的代表人物 John Dewey 指出，人类充分利用思维能力不断掌握环境并适应社会，由此形成人与社会多重结构与属性的调适互动关系。根据这一观点，乡村旅游与农村经济作为人类活动的社会反映，本身存在互动机制。乡村旅游是人类社会城市化发展到一定阶段的业态形式，本身属于农村经济的有机组成部分。当前，乡村旅游的发展，为农村经济注入了强大动力。一方面，乡村旅游与传统农业的产业结构、发展模式、生态属性大相径庭，成为现代农业的补充，被冠以"脱贫主战场""城市新名片""农业新势力"之名，真正成为农村经济发展的新增点。在产业结构上，乡村旅游作为一种旅游业成为农村经济的重要组成部分，对于解决乡村人口就业、整合乡村资源、提高农民收入起到不可替代的作用；在发展模式上，乡村旅游取代了传统依靠劳动力付出的农业种植方式，以现代服务业的组织形式融入农村经济中，成为加大农村第三产业比重、调整产业结构的重要助力；在生态属性上，乡村旅游将更加原始的自然风光与特色的农业文化、休闲的生活娱乐结合在一起，使农村经济更具多元化与融合性。另一方面，乡村旅游的发展为乡村振兴战略的全面实施提供支撑。乡村旅游的发展，可以使农村地区的资本要素、人力资源实现"回迁"，为当地经济产业、科技信息、教育文化的全面振兴提供千载难逢的机会。此外，乡村旅游带来的人口流动，也会带动当地服务业的发展，最终带动农村地区的经济建设。

（二）农村经济为乡村旅游提供向心力

农村经济是乡村旅游发展的基础。只有在一定水平的农村经济基础上，乡

村旅游才有相应的发展空间。农村经济的固有基础，为乡村旅游发展提供向心力，具体体现在以下三个方面：一是农村经济为乡村旅游的发展奠定物质条件。无论是在经济的价值创造、资源转化，还是财富实现上，乡村旅游都需要以一定的农村经济为基础。原有的农村经济产业结构，为乡村旅游的起步提供了最原始的资本、人力以及其他产业要素，因此，脱离农村经济，乡村旅游便无从谈起。基于此，区域内农村经济的发展情况在一定程度上成为乡村旅游发展的"前哨"，如原有的农业产业投资收益状况成为是否进行乡村旅游投资的重要考量标准。二是农村经济为乡村旅游提供良好的空间载体。乡村旅游归属于以服务为核心的第三产业，其发展需要综合衡量地区的接待能力，而农村经济则是乡村地区承载力的重要衡量标准。只有在高水平的农村经济基础上，才能调动各方面的因素集中力量发展休闲农业等乡村旅游项目，进而促进食宿等配套服务行业的发展，为乡村旅游发展提供良好的空间格局。三是农村经济客观上为乡村旅游创造了适宜成长的宏观环境。乡村旅游的发展以良好的自然生态环境为前提。如果为了追求农村经济发展而以环境污染为代价，那么乡村旅游便无成长的沃土。整体而言，农村经济与乡村旅游可谓一荣俱荣的关系。一个地区的农村经济发展状况客观上为该区域乡村旅游的发展提供了集物质条件、空间载体与宏观环境于一体的向心力。

二、乡村旅游与农村经济可持续发展的互动策略

（一）优化内部机制，顺应融合发展规律

要想发展乡村旅游，必须依赖于现有的农村经济状况，并基于经济属性做出有利于经济发展的产业组合排列。首先，在乡村旅游与农村经济的价值创造环节，最大限度地减小乡村旅游发展对原有农业产业结构的影响，注重引入外部力量，利用城市密集的资金与技术优势，消除乡村旅游发展对原本农村经济中产业结构的资源挤占，优化二者的协同发展机制。其次，在价值转化环节，将乡村旅游宣传与农村经济中的农产品销售结合起来，形成"旅游 + 产品"的特色营销，并利用共同宣传的集约效应，综合发展农村经济；同时，还可以利用当前的农村电商，将数字化乡村旅游与电商化产品销售结合起来，实现乡村旅游与农村经济的融合性发展。最后，在价值实现环节，注重乡村旅游产业与农村经济其他产业之间的利益分配，坚持以"按劳分配"为主体的分配原则，顺应农村经济产业的发展规律进行利益分配，规范产业发展，整顿行业乱象，实现农村经济产业结构的调整。

（二）突破地域牢笼，发展特色旅游经济

针对互动机制下乡村旅游与农村经济的可持续发展面临的地域限制，以特色旅游经济为突破点，实现城乡经济的一体化发展至关重要。在宏观层面，需要抓住当前乡村振兴战略与城乡一体化发展的契机，利用政府政策倾斜与"三农"建设带来的优势，大力发展乡村旅游；同时完善并优化乡村交通，扩大乡村旅游的城市腹地与延伸范围，以农村经济发展带动区域接待力与承载力的提升，为乡村旅游发展奠定条件。在微观层面，一方面围绕乡村旅游业带动农村第一、二产业的发展，结合农业观光与旅游精品创设，创新旅游纪念品、地理标准产品、手工艺品及土特产品的生产，实现乡村旅游业带动其他农村经济产业结构的发展目的；另一方面，结合乡村旅游与农村经济发展的实际状况，打造特色旅游项目，实现乡村旅游与农村经济的协调发展。此外，2019年习近平在河南考察时指出，"发展乡村旅游不要搞大拆大建，要因地制宜、因势利导，把传统村落改造好、保护好"，因此，乡村旅游与农村经济的互动协调发展还需要保护生态环境，抓住民生建设，加强地区物资供给，保障生产、消费，维护市场经济与物价稳定，在发展中不断缩小城乡经济差异，最终实现以乡村旅游为组成的农村经济与城市经济的协同发展。

（三）搭建互动体系，强化多元参与力度

乡村旅游与农村经济的可持续互动发展面临可持续发展困境的问题可以从以下方面入手：第一，政府要加大乡村建设的投资力度，完善地区的基础设施建设，以城乡一体化发展标准为乡村旅游与农村经济发展保驾护航，不断优化乡村旅游发展的配套建设，有意识地引导农民提升乡村旅游的服务意识与服务技能，同时运用税收政策，对从事农业现代化、产业化与信息化服务的开发项目与相关企业实行税金减免制，灵活运用减税抵税、政策补贴等手段，促进乡村旅游与农村经济的可持续性发展。第二，市场主体在追逐盈利的过程中，要升华自身的社会责任，促进企业资源的下沉，开发农村广阔的旅游市场，从资本投资上为农民的旅游产品生产、旅游农业发展与旅游服务配套提供充足的资金保障，并利用自身的管理优势，加强乡村旅游与农村经济的持续性开发。第三，农民应不断提升自身素质，从农村经济的发展需要与乡村旅游的承载力入手，科学开发休闲旅游与农家乐，加强自身格局建设，延伸乡村旅游的产业链，助推乡村经济发展，全面促进乡村振兴战略的落实。

第四节　乡村旅游自然环境可持续发展

一、乡村自然环境概念的界定及分类

对于"自然环境"概念，不同的学科有不同的侧重，因而定义也稍有不同。云南大学学者段昌群认为，自然环境是指可以直接或间接影响人类生活、生产的自然界中的物质和能量的总称。北京的张保卫定义，自然环境是人类生活和生产所必需的自然条件和自然资源的总称，即阳光、温度、气候、地磁、空气、水（河流、湖泊、海洋等）、岩石、土壤、动物、植物、微生物以及地壳的稳定性等自然因素的总和。中科院长春地理所的朱颜明等人认为，环境是一个相对于主体而言的客体，主体界定的不同，环境的含义也不同，环境科学主要研究生物与环境的关系，其环境是以人类为主体的人类环境；地理学主要研究人类社会与环境的关系，其环境是以人类社会为主体的地理环境；生态学主要研究生物与环境的关系，其环境是以动物、植物和微生物为主体的生态环境。

本节对自然环境的研究主要是从生态学角度进行的，把乡村自然环境定义为乡村特有的、以自然环境要素（如空气、河流、山川、树木、农田）为组成部分的农居环境。构成环境整体的各个独立的、性质各异而又服从总体演化规律的基本物质组合被称为环境要素。环境要素具有最小限制律、等值性、环境的整体性和依赖性四个特点。乡村自然环境根据要素的不同，可以分为大气环境、水环境、土壤环境、地质环境、生物环境等。自然环境的各要素之间总是通过物质循环和能量流动相互有机地联系在一起的，各种要素有着相对确定的功能地位和互动关系，形成一个统一的整体，这就是生态系统。从另一个角度来看，根据乡村生产、生活环境的不同，又可以把乡村自然环境分为人居自然环境和农耕自然环境。人居自然环境是指适合乡村居民居住的山水、田园和房屋共同构成的和谐整体，它能够给人营造舒适、安定的自然空间。而农耕自然环境则是指与农耕密切相关的土壤、气候、水源等相关要素构成的生产环境。

二、从可持续发展角度看乡村旅游对自然环境的影响

衡量一个旅游目的地自然环境的好坏必须有公认的评价标准，通常采用环境质量和环境美感两个指标来评价。环境质量，一般是指一处具体环境的总体或某些要素，对于人群的生存和繁衍以及社会发展的适宜程度，是反映人群对环境要求的、对环境状况的一种描述。环境质量通常要通过选择一定的指标（环境指标）并对其量化来表达。自然灾害、资源利用、废物排放，以及人群的规模和文化状态都会改变或影响一个区域的环境质量。环境美感则是从人的感受角度进行评定的，不容易量化，具有不确定性。同样的环境，给人的美感可能不同。中国自古以来就非常注意人与自然环境相和谐。古人眼中的环境美有几个特点：一是注重环境与建筑以及建筑各部分之间的配合，使之相互呼应、整体和谐；二是注重依山就势、虚实相间，内外建筑和景物互相映衬、互相依托，在有限的空间内，尽可能表现出丰富的景观；三是充分调动各种手段，如山光水色、花草树木以及屋宇桥石来互补互衬，达到多样中有统一、统一中有变化的效果。

发展乡村旅游时可能带来对乡村人民自然环境、农耕自然环境等方面的影响。因此，要降低旅游开发对乡村自然环境的负面影响，也只有从建设和旅游活动管理方面入手，将旅游开发对乡村自然环境的破坏降到最低限度。

第三章 国内外乡村旅游发展成功经验与借鉴意义

第一节 国外乡村旅游发展成功经验与借鉴意义

一、欧洲乡村旅游概述及特色项目

欧洲乡村旅游发展较为完善，而且政府对乡村旅游也很重视，在资金和政策上给予很大的支持。欧洲乡村旅游所拥有的良好发展基础是整个欧洲在多年经济发展的前提下，城乡差距逐渐缩小的结果。其中，法国、德国、英国和荷兰是欧洲乡村旅游发展的典型代表。

欧洲乡村旅游的内容丰富多彩。根据性质、定位、经营等方面的特色，欧洲乡村旅游主要可分为以下三大类。

传统观光型：以城市人所陌生的农业生产过程为卖点，让游客参与各类生产项目的过程，注重游客的参与度和体验度。

都市科技型：以高科技为重要特征，建立了各类小型生产基地，在提供部分时鲜农产品的同时，又取得一部分观光收入，兼有农业生产与科普教育的功能。

休闲度假型：利用不同的农业资源，如森林、牧场、果园、湖滨等环境宜人的地方，提供休闲度假服务。

（一）"浪漫之都"的极致浪漫——法国

成立于1953年的法国农会（APCA）于1998年专门设立了"农业及旅游

接待服务处"，并联合其他有关社会团体，建立了名为"欢迎莅临农场"的组织网络，有 3000 多户农民加盟。2004 年，法国农村地区接待了全国 28.2% 的旅游者，本国公民在本国乡村旅游的消费额约为 200 亿欧元，影响巨大。

作为世界旅游大国的法国，旅游主要由四大产品体系构成：以滨海游为主体的蓝色旅游，以高山滑雪为特点的白色旅游，以巴黎等城市名胜古迹为代表的城市旅游，以及以美丽乡村风光、土特产品为主要吸引物的乡村旅游。在法国，其最具代表性的乡村旅游景区是普罗旺斯小镇。

法国南部的普罗旺斯地区一年四季充满明媚的阳光，特别是夏天的时候，漫山遍野紫雾般的薰衣草盛开，这里的人们的笑脸也被称作"全法国最亲切的笑容"。从文化上讲，"普罗旺斯"是中世纪诗人在诗歌中时常称道的"快活王国"，而今天的人们常称它为"蔚蓝海岸"。

普罗旺斯的特色植物——薰衣草，是普罗旺斯的代名词，其充足灿烂的阳光最适合薰衣草的生长。因此，游客不仅可以欣赏花海，还带动了一系列各式薰衣草产品的销售。除了游览，法国的特色美食——橄榄油、葡萄酒、松露也享誉世界，还有持续不断的旅游节庆活动，营造浓厚的节日氛围和艺术氛围，不断吸引来自全球的度假游客。

（二）"工业之都"的匠人情怀——德国

德国是欧洲经济最发达的国家之一，发展乡村休闲旅游已有近百年的历史。早在 20 世纪 60—70 年代，德国进入工业化后期，德国的旅游业，尤其是乡村休闲旅游随之迅速发展起来。现在，德国乡村休闲旅游更是一枝独秀，代表了德国旅游业的发展趋势。德国的乡村休闲旅游从形态上主要分为两大类型：观光娱乐型、休闲度假型。

巴登·巴登小镇是德国著名的度假地，位于黑森林西北部的边缘上，奥斯河谷中。德语里"巴登"是浸浴、沐浴或游泳的意思。巴登·巴登是欧洲最著名的"SPA"地点、最典型的温泉疗养胜地。

早在公元 1 世纪，古罗马人就在这里发现了温度高达 69 摄氏度的矿泉，于是开始建造大型的沐浴场所。17 世纪时因为战争，巴登·巴登全城几乎被大火烧尽，连山上的城堡也不能幸免；直到 18 世纪末这里才又兴旺起来，整个城市成为一个疗养胜地，被称作"欧洲的夏都"。历史上一些著名的建筑师得到当时君主的委托，要把这个自然风光得天独厚的地方建设得人工与自然浑然一体。巴登·巴登小镇的建筑很好地体现了"以天空为屋顶"的基本构思。处处花园，处处绿地，别墅、宫殿、亭子、椅子等仿佛就是在那里长出来的。

各家旅店从业者结合水疗和各种养生、美容和健体设计出"SPA"疗程，其温泉可以让人通过浸泡的方式达到放松身心的目的。巴登·巴登的赌场建成于 1824 年，是德国最大、最古老的赌场，也是世界上最豪华的赌场之一。它有个文雅的名字——"休闲宫"，虽然外观端庄、简洁，其内部的厅堂却极其富丽奢华。休闲宫里也并非只可赌博，还有音乐厅、舞厅等。白天可以付费参观，从傍晚开始，休闲宫就成为高雅的娱乐中心。

（三）浸入情怀的乡村精神——英国

说起乡村，一定有一个绕不过去的国家，那就是英国。林语堂曾说：世界大同的理想生活，就是住在英国的乡村。全英近四分之一的农场直接开展乡村旅游，每个农场景点都为游客提供参与乡村生产生活、体验农场景色氛围的机会。城市在英国人心目中仅仅是一个聚会的场所，大部分生活优渥的家庭都只在城里度过忙碌的工作时光，在喧嚣之后，又一如既往地返归乡村生活。

科茨沃尔德小镇位于牛津西边，它的名字来自当地出产的一种名为"科茨沃尔德石"的矿石。科茨沃尔德拥有最美丽的乡村田园风光。中世纪时，这一地区是英国羊毛贸易的重镇集中地，因羊毛贸易聚集的财富而繁荣和富庶。但科茨沃尔德并不是正式的行政区，也没有边界范围。这里有你想象中的那种最典型的英格兰乡村的气息和氛围，有丰富的自然、人文和历史遗迹资源。

小镇拥有富有历史气息的教堂，如《哈利·波特》取景地点——格洛斯特大教堂；优雅、宁静的各式小庄园——拥有 2200 种玫瑰的马美士百利镇亚比屋花园；各种类型的博物馆，如羊毛加工博物馆、动植物博物馆、美术博物馆等，详细、生动地向游人展示了该地的历史和文化艺术；世界著名的史前建筑和世界文化遗产，如世界著名的史前建筑遗迹巨石阵及英国巴洛克建筑的杰作——布兰姆宫。

除了美丽的风景，让游客趋之若鹜的，还有各种新奇、有趣的特色活动。为了吸引无数爱好者前来参加，小镇还专门设立了活动管理部门来负责活动的策划、管理和营销等工作。

（四）转动不羁的"风车王国"——荷兰

被称为"风车王国"的荷兰西部紧邻北海，濒临大西洋，是典型的海洋性气候，海陆风常年不息。在荷兰，离城市越远，风景越漂亮。无论从哪个角度观赏荷兰的风景，总会看到地平线上的风车。风车是荷兰民族的骄傲与象征，是荷兰文化的传承与张扬。

欧洲田园牧歌式的生活风景，最典型的要数荷兰的风车村了，这里有碧草如茵的平原、伟岸的风车、美丽的郁金香、斑斓的农家木屋、静谧的小桥流水，以及草地上黑白、黄白相间的奶牛……风车村对于游客来说是一个开放空间式的博物馆。在风车村内，有木鞋制造厂、白蜡制造厂、面包房、奶酪和乳制品作坊以及一百多年历史的杂货店，不仅有各式各样的手工艺品作坊，还有传统的手工技艺表演，全面展现了荷兰人的传统生活方式。例如，为了方便游客了解荷兰的文化和民俗，村里还设有荷兰木鞋的制作车间，随时为游人表演木鞋制作过程。在技术工人熟练的操作下，一块木头只需要几分钟就被机器削出了鞋型，也让游客在最短的时间内记住了木鞋是怎样诞生的。

荷兰库肯霍夫公园位于盛产球根花卉的中心城市利瑟，占地32公顷，是世界上最大的球茎花卉公园，距荷兰首都阿姆斯特丹40分钟的车程，始发于巴黎、柏林及布鲁塞尔的国际列车也在史基浦设有站点，交通十分便利。这座公园被誉为世界上最美丽的春季公园，是荷兰特别受欢迎的景点之一，数次荣获欧洲"最具价值旅游景点"的殊荣，每年开园2个月，吸引游客约80万。荷兰库肯霍夫公园在15世纪是贾各巴女伯爵的狩猎场，因园内种植供烹调用的蔬果而得名，后由左加特父子设计景观，直到1949年才成形为郁金香花园。公园整体的景观设计以英式风格为主：高大的乔木、蜿蜒的小径、青翠的草坪、幽静的水池，整体包括三大馆和七大特色项目。

三大馆：威廉·亚历山大馆，主要汇集各类鲜花；碧翠斯馆，主要是兰花馆，展出世界各地的兰花；奥兰治·拿骚馆，荷兰风情馆，展示最荷兰的东西，如地标、特色自行车等。

七大特色项目。灵感花园：最具特色部分，各个花园大小各异，从50平方米至120平方米不等，每座均拥有自身的特点和主题，从古典到超现代，风格百变，游客在设计自家花园的时候，可以借鉴灵感花园的设计。同时，每年都有一个开园主题，2015年主题是凡·高，纪念凡·高逝世125周年，主题亮点在于由上千朵郁金香、葡萄风信子组成的250平方米的凡·高像。特色花展：碧翠斯馆举办大规模的兰花展；奥兰治·拿骚馆每周都会有令人称奇的新品花展；威廉·亚历山大馆每年开园期间举办全球最大规模的百合展。艺术公园：陈列着由荷兰著名艺术家创作的数百座雕塑及艺术品。公园自然、优雅的环境，巧妙地映衬出了这些艺术品的美妙绝伦。摄影指导：在库肯霍夫公园设有摄影工作室，有专门的摄影师指导实用摄影技巧。主题花车：按照每年的主题，在公园活动期间游客可观赏满载着鲜花的花车驶过库肯霍夫巡游大道。探索旅行：游客可通过影音、图片学习丰富的园艺知识。儿童乐园：儿童可在园区内学习花卉知识，玩各种游乐设施，并且餐厅专门设立儿童菜单。

由此可以看出，欧洲乡村旅游的特点在于：体现了旅游者自身的价值，注重乡村旅游的体验性和参与性，让旅游者亲自参与食品的制作、礼品的设计，显示出其参与的乐趣；片区性发展的独特性，欧洲大部分的乡村旅游都是以一个片区为基础的，所以塑造了欧洲地区整体性和差异性的乡村旅游；强化社区，注重发展，欧洲大多数地区没有可以发展的乡村旅游，仅靠着当地的人情风俗来吸引游客，以加大宣传教育让当地社区居民了解开发乡村旅游的积极作用，吸引居民主动地、积极地参与乡村旅游开发。

二、北美乡村旅游概述及特色项目

（一）北美乡村旅游概述

北美通常指的是美国、加拿大和格陵兰岛等地区，是世界上经济最发达的大洲，其人均 GDP 超越了欧洲，也是世界 15 个大区之一。北美最主要的两个国家——美国和加拿大均为发达国家，其人类发展指数较高，经济一体化水平也很高。早在 19 世纪，美国和加拿大落基山区就把乡村旅游作为现代人逃避工业城市污染和快节奏生活方式的有效手段，其在乡村旅游上的发展，具有可借鉴与学习的地方。

1. 牛仔风情的山姆大叔——美国

美国有着悠久的乡村旅游传统。根据美国旅行行业协会 2006 年对 1300 位乡村旅游者的抽样调查表明：亲近自然的乡村旅游最受旅游者青睐。第二次世界大战以后，乡村旅游成为中产阶级生活的一部分，假期经常在城边不贵的乡村食宿接待设施和私人农场中度过，旅游食宿设施的形式一般是乡村旅馆和农场私人闲置房间。

美国乡村旅游的发展，离不开三大背景：一是公共交通体系发达，美国高速公路体系、州级公路交通网以及其他二级道路网等基础设施建设的迅猛发展，使美国 48 个州及夏威夷地区任何一个乡村地区可达性逐步提高；二是汽车文化的发展和房车的盛行，美国是世界上汽车保有量最多的国家，也是房车拥有量最多的国家；三是公共土地政策的倾斜，20 世纪 50—60 年代，美国公共土地政策开始向户外游憩、乡村旅游等项目倾斜，这一时期通过了一系列立法，增加了用于非工业目的公共土地的供给，这些政策规定为乡村旅游的发展创造了良好的条件。

美国的乡村旅游大致可以分为观光型、休闲型和文化型三类。

（1）观光型乡村旅游

观光型乡村旅游以优美的乡村景观和田园风情以及农业生产过程作为旅游吸引物，吸引城市居民前往参观、参与和游玩。美国建立了多处供观光的基因农场，运用现代科技与先进农艺技术方法培植马铃薯、番茄，在发展农业的同时向游客普及基因科学知识。

（2）休闲型乡村旅游

休闲型乡村旅游是指以乡村旅游资源为载体，以形式多样的参与性旅游活动为主要内容，以满足游客休闲娱乐、身心健康等需求为目的的旅游类型。例如，美国的农场、牧场旅游不仅能使游客欣赏美丽的田园风光、体验乡村生活的乐趣，而且在专人授课的农场学校能够学到很多农业知识。

（3）文化型乡村旅游

文化型乡村旅游是指以乡村民俗、乡村民族风情以及传统民族文化为主题，将乡村旅游与文化旅游紧密结合的旅游类型。例如，位于密苏里州的众多嗜好型农场，因森林湖泊众多、山势地形平缓而成，不种庄稼、不养牛，拥有可以骑马、狩猎、打网球，或开飞机、游艇的私人农场。

这里还要特别提出美国的家庭旅馆。它代表了一个70亿美元的产业，主要分为乡村家庭旅馆和城市家庭旅馆，20世纪60年代末，这两种形式的家庭旅馆在美国都很盛行，尤其是20世纪80年代后，得到了迅速发展。外出用餐、购物、自然旅游、游览古迹、划船、打猎、骑马、骑自行车、登山、节庆活动都是美国游客喜爱的乡村旅游活动。

2.枫叶之国的乡野情怀——加拿大

同美国一样，加拿大也有着久远的乡村旅游发展历史，而且加拿大乡村旅游项目丰富，如乡村美味、乡村农业文化、乡村农业展览、乡村传统节庆活动、主题农业之旅、在农场或牧场住宿或参加骑牛比赛等，都具有非常好的体验性和参与性。本书着重分享两处具有较大启发性的乡村旅游项目。

（1）克里阔特荒野度假村

克里阔特荒野度假村是一处将"野奢"和"体验"演绎到极致的景区，最特别之处在于客人不需要提前预订，所有活动都会为游客量身打造。交通上，从温哥华出发，搭乘45分钟的私人水上飞机，或者从托菲诺乘船30分钟，即可到达。度假村提供三、四及七晚包含各式活动项目的家庭套餐以及各式冒险活动。白天可以感受度假村的招牌活动——骑马，会根据骑马人的水平准备不同等级的体验，也可以体验攀岩，在攀岩墙上纵览贝德韦尔河海峡的壮阔美景；再如树梢漫步和高空滑索，在森林之上鸟瞰整座度假村以及贝德韦尔河谷。晚上活动指导会与游客坐下来讨论第二天的冒险计划，计划会根据天气、潮汐、野生动物的活动规律和游客自身的意愿而有所不同。

（2）度假小屋

根据"Re/Max"最新发布的年度休闲物业报告，相比于美国和加拿大的大城市，多数加拿大人更喜欢到乡村的小屋度假，其中，惠斯勒、奥克那根和苏士瓦均有其典型意义。

①惠斯勒

滑雪胜地惠斯勒距温哥华 2 小时车程，除了冬日滑雪外，夏日还可以从事骑车、登山和打高尔夫球等活动。（惠斯勒和黑梳山）山脚下的惠斯勒步行街小镇聚集了多种商铺和餐厅。因其雄伟的山川景色，丰富的室外活动、娱乐设施，以及多类型的娱乐物业，所以临近惠斯勒小镇的公寓非常受欢迎，尤其是对于希望在步行距离内去滑雪的人来说城市屋和滑雪小屋也很受欢迎。

②奥克那根

奥克那根位于卑诗南部。奥克那根村庄是加拿大最温暖的区域之一，在驱车范围内有大大小小 100 多个湖泊。北奥克那根是水上运动的胜地，可以划船、游泳、潜水、钓鱼或者单纯在水边晒晒太阳。这个区域为投资者提供了很多休闲物业的选择，从简单的房屋到豪宅都有。

③苏士瓦

苏士瓦距离甘露市 1 小时车程，拥有美丽的湖水、水上运动、充满活力的音乐节、奢华的游艇、高尔夫课程以及农夫市场等。其中一个热门项目就是萨蒙阿姆草根和蓝调音乐节，每年 8 月举行，吸引 3 万多人参加。

（二）北美地区其他特色乡村旅游项目

1.汉堡集会

美国威斯康星州的西摩以汉堡集会著称，每年都有大量游客前往该地体验节日的狂欢。

2.美食之路

哥伦比亚省和安大略省的"地区美酒之路"、魁省的"果汁之路"，让美食和乡村之旅结合起来，组织游客寻找美食的材料来源，丰富了乡村旅游的文化内涵。

3.圣可杰布镇

圣可杰布镇号称为神秘的"德国清教徒"小镇。镇上有风格独特的手工艺品店、礼品店、地方特色餐厅，还有豪华的乡村旅馆。该镇以旅游业为主导产业。

4.直升机滑雪

直升机滑雪是百分百的冒险游戏，在专属的平台区域，然后搭乘直升机，毫不费力地经过一片美景到达梦寐以求的地方。在这里可以和向导沿着蓬松的滑道飞驰而下，午餐之后继续另一次起飞，到达其他山峰，再一次开始全新的速滑体验。

5.落基山观光小火车

登上著名的落基山登山观光小火车，沿途参观不列颠哥伦比亚省那令人瞠目结舌的山地地形，也可以到传统的观光车厢呼吸新鲜空气，欣赏大落地窗外的壮丽风景。

6.洞穴探险

洞穴探险是一项有趣并富有刺激性的户外运动。隐藏于石窟山下（Grotto mountain）的鼠巢洞穴是未经开发、完全保持原态的地点，没有人工照明、便道或扶手，相当考验人们挑战自然的勇气。独特的地理构造使得洞穴内全年保持恒温，夏季凉爽，冬季温润，因而也可以全年向游人开放。

（三）北美乡村旅游的特征

1.个性化而非标准化

在北美乡村旅游项目的策划中，我们可以看到，不同类型的乡村项目都可以繁荣共生。

2.强调体验而非注重过程

无论是在加拿大还是在美国，在北美乡村旅游项目的设置上，都鼓励游客亲身参与体验，而非传统观光。

3.放大差异而非市场趋同

在北美乡村旅游市场中，基于地域性质的不同，可因地制宜衍生出大量不同特色的乡村旅游产品，如葡萄酒酒庄、悬崖滑翔等。

4.发挥非营利性组织的作用

1992年美国出台正式的关于乡村旅游与小商业发展的国家政策，并建立非营利行业组织——国家乡村旅游基金，从事乡村旅游项目规划、募集、发放资助、提供宣传等。

5.减少中间环节，提高经济效益

美国夏威夷全州有 5500 座农场从事农业旅游，全州农业旅游产值中 1/3 来自农产品的直接销售。

三、日韩乡村旅游概述及特色项目

（一）日本乡村旅游及其特色项目

日本是亚洲发展乡村旅游较早的国家。经过多年的发展，日本的乡村旅游从起步走向成熟，在乡村旅游模式、管理等方面都取得了极大的成就，成为世界上乡村旅游业较为发达的国家之一，被誉为"亚洲乡村旅游的标杆"。

从发展来看，日本乡村旅游发展分为三个阶段：第一阶段，经济高速增长期，20 世纪 50 年代末，政府和民间共同推进了高级度假村的开发与经营，以其利用自然条件大规模开发滑雪场和民宿为标志；第二阶段，泡沫经济破灭后，生态旅游、农事体验型休闲农业与乡村旅游发展迅速，以 1993 年开始在全国范围内推进休闲观光农业为标志；第三阶段，休闲农业与乡村旅游的新时期，乡村旅游又承担了生态保护、文化传承的作用。在此过程中，发展出不同类型的乡村旅游形态（见表 3-1）。

表 3-1　日本乡村旅游类型表

种类	程式	类型	具体表现
类型一	乡村观光	传统型	季节性果园
		科技型	季节性果园
类型二	休闲娱乐	休闲娱乐	果园采摘、农场农庄、渔场捕捞
		保健疗养	温泉、乡村公寓
		自我发展	农园建设
类型三	乡村文化	精神陶冶	民宿观光、建筑观光、文化遗迹

从特色类型来看，日本乡村旅游主要包括以下几种。

观光农园——观光农园和观光渔村，以及二者的结合。在都市或近郊地区，利用农业产业、设备及资源，做规划设计，并安排各种观光、采果活动，吸引了很多城市观光人口。

市民农园——由没有农地所有权的市民承租的市区或近郊区农地而进行耕作的园地。承租者可种植花草、蔬菜、果树或进行庭院式经营，以享受耕种与体验田园生活的乐趣。

农业公园——将农业生产场所、农产品消费场所和休闲旅游场所结合于一体，其一般依土地的地形与原有农产品种类而构成其风格特色，以单一农产品构成专业性的农业公园。

银发族农场——日本专为65岁以上的退休人员开辟的，目的是让银发老人获得心灵的安宁，获得规律性与回归自然相结合的健康生活，体验耕种、收获、享用农产品以及把产品馈赠他人的快乐。

日本的精致农业闻名世界，发展注重"大而专"。此地区的无土栽培和温室大棚精细化堪比园艺盆景。而普通农户只种植1~2个品种，一般作为商品出售。专业性的农场则会同时发展观光农业、旅游农业，如葡萄公园农场，可以将葡萄园景观的观赏、采摘、制品，以及与葡萄有关的品评、写作、绘画、摄影、体验、竞赛与季节、庆典活动融为一体，将一个类别做到极致。

因此，日本在长期的发展中，形成了极具自身特色的乡村旅游景区，笔者遴选其中对于乡村旅游从业者具有启示意义的部分，予以分享。

1.小岩井农场

小岩井农场位于岩手山南麓，是拥有120年历史的日本最大的民营农场。"小岩井"之名出自创业者小野义真、岩崎弥之助、井上胜三人姓氏首字。

在充满田园氛围的小岩井农场牧场园，可体验挤牛奶、与羊群亲密接触以及骑马的乐趣，还可以参观乳业工场、天文馆、展示资料馆等，并有餐厅、小卖店和住宿设施可以利用。

2.登别地狱谷温泉

登别地狱谷的温泉涌量位居日本第一，加上有多种不同性质的温泉，街道上处处可见温泉蒸气，每年吸引百万游客前来泡汤。

登别地狱谷的温泉包括以下八大类。

第一类海地狱，是八大温泉中最大的一个，呈现蔚蓝海洋的颜色。

第二类灶地狱，利用海地狱的温度做出祭食。

第三类白池地狱，是日本国家指定名胜之一，池子的表面呈现青白色。

第四类鬼石坊主地狱，因为池中沸腾的热泥不断往外冒泡，仿佛和尚的脑袋一样。

第五类龙卷地狱，最大的特色是它的"间歇泉"，其以一定的间隔时间喷出热水和气体。在全世界的间歇泉中，龙卷地狱间歇泉间隔时间最短（30~40分钟），从而广受关注。

第六类血池温泉，早在 8 世纪就以"赤汤泉"闻名。

第七类鳄鱼地狱，在大正 12 年（1923 年）日本初次利用温泉的热度饲养鳄鱼，现已有 150 头。

第八类山地狱，其温度适宜栽培世界各国珍贵的植物。

（二）韩国乡村旅游及其特色项目

韩国乡村旅游的产生，在于农村人口持续减少和超老龄化，小于 40 岁的青壮年人口减少，超过 65 岁的老年人增加，农村经济落后于城市经济，年轻劳动力不断离开农村。为了改善这种趋势，韩国政府于 1992—2006 年间投资 7910 亿美元用于农村结构改革和增加农村收入；于 2004—2013 年间投入 10820 亿美元用于农村发展项目。更为重要的是，政府提出了第六产业化的理念——打破以农产品生产为导向的传统农业概念。按照世界乡村旅游学会东北亚分会会长、韩国休闲农业与乡村旅游学会会长申孝重先生的分析，乡村旅游业与农村设施的商业化，会产生大规模的具有竞争力的产业集群。

整体来看，韩国乡村旅游主要包括 1984—2004 年的导入期和 2004 年至今的成长期两个阶段。

导入期：对发展乡村旅游点的数量上的扶植，重点扶植以个人为单位的乡村旅游，以开发休闲资源、扶持旅游农庄和农村休闲园区开展新农渔村建设运动为标志。

成长期：韩国政府将扶植的重点转向提高乡村旅游的品质，其重点扶植对象为以村为单位的集体乡村旅游事业，以"体验绿色农村""传统主题村落"活动和"民泊农庄"为标志。

韩国乡村旅游内容丰富，海滩、山泉、小溪、瓜果、民俗都成为乡村游的主题。韩国约有 800 个与乡村旅游有关的民俗节，如"泡菜节""鱼子酱节"等。"韩食旅行"让游客前往农村品尝颇具特色的韩式套餐；"茶园旅行"让游客到茶周采茶；"周末农场"适应双休日的特点，供城市游客携一家老小去耕作和收获，体验劳动的艰辛和乐趣等，均产生过较大影响。

韩国的乡村旅游分为农村体验型、渔村体验型、生态体验型、文化体验型等不同主题，经典形式为"周末农场"和"观光农园"，以下介绍几个具体的案例。

1.江原道旌善郡大酱村

大酱村抓住游客好奇心,由和尚与大提琴家共同经营,利用当地原生材料采用韩国传统手艺制作养生食品的方式制造大酱,既符合现代人的养生理念,又可以让游客亲临原初生活状态下的大酱村,同时传承了传统手工艺文化。此外,经营者还特别准备了以3000个大酱缸为背景的大提琴演奏会、绿茶冥想体验、赤脚漫步树林等体验活动,以及独具特色的美味拌饭,丰富了游客体验的内容,延长了其停留时间。

2.城邑民俗村

城邑位于汉拿山麓,有许多文化遗产,很好地保留了古代村庄的原貌,有民居、乡校、古代官公署、石神像、碾子、城址、碑石等有形文化遗产,以及民歌、民俗游戏、乡土食品、民间工艺、济州方言等无形文化遗产。在这里的原住民每年都会收到一份政府的补贴,让他们继续住在这里,保留民俗村的特色。由此,诸如摸石头爷爷、门上三根门棍全放下的含义是什么等最原汁原味的济州民俗仍保存完好,《大长今》拍摄地等仍可供游客游览体验。

综合日、韩来看,两者乡村旅游的发展,均基于相似的背景,即第二次世界大战过后工业的高速发展使农业遭受了灾难性打击,农村社会贫困化,同时,老龄化问题加剧。政府为了调动农民积极性,增加农民农业收入,提高农民生活质量,发展乡村经济,开始纷纷出台改革措施,寻找新的经济增长点,支持和引导乡村旅游经济的发展。

同时,日本、韩国促进乡村旅游发展的相关措施,也值得我们思考与学习。

一是对乡村旅游进行法律支持与规范。日本发展乡村旅游的相关政策最早可追溯到1970年。1999年,韩国制定的《农业农村基本法》第23条记载着"城市农村交流"和"绿色交流"来推进"绿色旅游"。

二是成立负责乡村旅游的专门机构。日本、韩国都成立了专门负责乡村游的政府机构及社会团体,对乡村游进行组织协调。日本政府直接参与旅游规划和行动;韩国民泊协会承担着为开办家庭旅馆的农民服务和协调的作用。

三是对乡村旅游发展实行政策倾斜。日本、韩国的各级主管部门在资金、技术、经营管理上对乡村旅游发展进行大力支持。

四是对乡村旅游进行整体规划和形象宣传。政府牵头做好乡村游规划,日、韩的主管部门每年都通过印制宣传手册、统一组织广告活动、举办旅游博览会等,对乡村旅游进行宣传和推广。

五是完善乡村旅游基础设施条件。日、韩经过多年建设，乡村交通已形成了镇镇通国道、村村通公路、户户连大道，即使偏远乡村都有平坦的柏油马路。与旅游相配套的旅馆、商店、加油站、停车场等服务设施，都做得较到位。

第二节　国内乡村旅游发展成功经验与借鉴意义

一、华东地区乡村旅游概述及代表项目

华东地区位于我国东部，通常是指上海市、江苏省、浙江省、安徽省、福建省、山东省，是中国乡村旅游产业发展较早的地区。华东地区在中华人民共和国成立初期为中国六大行政区之一，自然条件优越、四季分明、气候宜人、物产资源丰富、商品生产发达，现已发展成为中国经济、文化最发达的区域和中国综合技术水平最高的经济区。高速发展的经济、便捷的交通事业为华东地区乡村旅游的快速发展奠定了良好基础。近年，国家越来越重视乡村旅游，在相关方面给予了很大的政策和资金支持，使得华东地区乡村旅游发展较为完善。

华东地区乡村旅游类型众多，范围较广，分成特色小镇型、民俗文化型、产业文化型、景区依托型、高科技农业园体验型、普通农业与设施农业相结合型、与社会主义新农村相结合型等。笔者特挑选出四个典型华东地区乡村旅游案例做分析介绍。

（一）桐庐县江南古村落

江南古村落位于浙江省桐庐东部的富春江南岸天子岗北麓，距离桐庐县城16.5千米，交通便利，每年接待游客数量超过100万人次。江南古村落不同于浙江的乌镇、湖南的凤凰古镇，保存较好的明清古建筑，幽幽的小巷，淳朴的民风，没有多余的商业气息，使得古村落更为幽静、舒适。古村落始建于南宋时期，景区囊括了荻浦村、深澳村、徐畈村、环溪村、青源村。各个村落风貌各异，因此立足各村特点打造"一村一品"，推出了"孝义荻浦、易理深澳、和合徐畈、清莲环溪、山水青源"的旅游名片，以及"江南坎儿井，醉美古村落群"的宣传口号。

江南古村落景区整合五个村落的古建筑文化等元素，以深澳村作为景区核心，以特色广场、花海、休闲小资吧为舞台，以老街、古遗址、宗祠、古戏台为载体，通过寻求政府支持和招商引资的途径，完善各基础配套设施，并对景区的景观进行建设，对古建筑进行保护性维修，以及对景区民俗、传统节日、传统技艺进行深入挖掘，将江南古村落景区打造成具备休闲度假、文化观光等多功能的综合乡村旅游度假区。

古村落发展乡村旅游的特色：第一，错位发展，培育各村亮点。江南古村落由五个风格各异的村组成，各村都有不同的深厚历史文化与独特魅力，因此根据实际针对各村特色打造品牌，塑造特色精品旅游产品。第二，特色业态，打造本土记忆。江南古村落内的特色业态逐年增多，如老牌特色业态猪栏茶吧、牛栏咖啡已是景区拳头产品，带动了休闲小资业态的风潮，以及以游客体验性项目为主的花海专属业态等。第三，保存原貌，挖掘文化底蕴。江南古村落景区内的古建筑都采取保护性修复，大体保留原貌，古色古香，让游客行走其中，流连忘返，感受村落的久远，激起探索古村落文化的念头。

（二）乌镇乌村

浙江省桐乡市乌镇乌村位于沪苏杭旅游黄金三角区的核心位置，紧邻乌镇西栅，距离西栅历史街区北侧500米，紧依京杭大运河，总面积450亩。绝佳的地理位置，得益于乌镇旅游集聚效应与规模效应，坐享乌镇优质客源市场。与乌镇东栅、西栅所代表的古镇不同，乌村所代表的是新型乡村旅游，体现的是原生态、乡村农俗的生活体验，是都市人所向往的世外桃源，全新一价全包的乡村旅游体验模式，被称为江南乡村版的"Club Med（地中海俱乐部）"。作为乌镇旅游探索转型的试验田，乌村可谓是非常成功的，笔者认为有以下几点原因。

一是颠覆传统思维，打造原生态自然环境。乌村的建造打破了国内千村一面的情况，践行了当地政府提出的"1个大乌镇带动16个小乌镇"的全域旅游战略。在这个占地仅有450亩的乌村，大体保留了原有民居的外观状态，在原乡原野上没有所谓的景点，却处处可作为景点。由住宿和配套两大板块组成，各自细分成了不同的组团，动静相宜。7个民宿组团分别以桃园、竹屋、米仓、渔家、酒巷、磨坊、知青年代为主题，将各主题元素（如酒巷的酒瓶、桃园的桃花等）充分运用于建筑前后院落，实现主题差异化。外观古朴、自然，室内舒适、文艺，信步其中，享受着慵懒、悠闲的乡村时光，给人以亲切之感，拉近了景区与游人之间的距离。

二是借鉴国外成功经验，勇于尝试全新服务模式。乌村采取一价全包和"CCO（中文首席礼宾官）"服务模式。一价全包模式分为两种类型，住宿一价全包和非住宿一价全包，游人可根据自己的行程进行安排。CCO是热诚的文化创造者，活跃于景区内，为游人提供面对面交流、产品说明、咨询引导、活动互动、策划安排行程、VIP接待等个性化服务，帮助游人深入体验乌村民俗活动。

三是明确客群需求，塑造旅游产品。乌村位于长三角地区的一小时高铁圈和两小时自驾圈，拥有近年火爆的都市近郊游的地理优势。乌村所塑造的传统民俗体验产品（如烧野火饭、打铁、包粽子、制作农民画、随摘随做的菜地瓜棚等）主要以旧时田园、知青文化及农耕体验为主，迎合了家庭亲子客群与养生休闲客群的需求。

（三）莫干山庾村

浙江省德清县莫干山镇庾村坐落于德清莫干山山脚下，是进入莫干山景区的必经之路。庾村1932文创园被称为中国首座乡村文创园，它用新的视角和方向，寻找适合乡村发展的道路。在20世纪20—30年代，莫干山曾是上海市首任市长、外交部长和代理国务总理、摄行大总统黄郛隐居并尝试乡村改造的地方。在庾村集中的11座建筑，大多是当年黄郛在此兴办蚕种场而遗留下的废旧厂房。这些废旧的蚕种场可以说是乡村文化事业的一个缩影，深深吸引着当代艺术家、设计师、画家来此创作。现由台湾文创团队精英开办的清境公司对这里进行了新的改造，对旧的建筑和格局进行保存，稍加修补和美化，将昔日的蚕种场一步步变为今日的中国首座乡村文创园；也逐渐成为推动城乡互动发展的乡村枢纽，吸引着来自各地的旅行者、文学者、商家等，不同的人群都可以在庾村寻找到自己所需要的情感、物件和交流方式。

在这个文创与乡村碰撞的庾村，不仅是包含了特色农贸市场、文艺展览中心、主题餐饮配套、艺术酒店等多种业态的创意集市，也是一座有着天然美食、自然美景、丰富文化的小镇。庾村的特色项目包括以下几项。

（1）莫干山庾村文化市集蚕种场。采用民间简单、实效的建造方式，对废弃的场地进行再利用，用当地盛产的竹子来建造"竹棚"，活化空间，将零散的空间提升融合。

（2）"SHARE·飨"餐厅。采用自行车主题，将原生态材料与超前设计手法结合，用自行车零部件作为装饰元素，融合了乡村元素的工业时代复古气息。

（3）茧舍。一幢红绿搭配的厂房，由八位设计师共同设计的 13 间风格各异的房间组成，在此小住可体验完美的设计感与浓浓的艺术气息。

（4）茧咖啡。在庾村茧种场的元素得到了充分展示，当地文化与咖啡融合，构建出新的文创旅游产品。

（5）窑烧面包坊。户外的柴窑与小屋相结合，让游人可品味由不同季节的本地新鲜作物搭配天然酵母做出的纯正乡村美味，焦香微脆的面包伴着木头的清新，让人回味无穷。

（6）蚕宝宝乐园。设计师在设计之初就用换位思考的方法，从孩子的角度去思考如何打造一个适合童真又富有乐趣与冒险的儿童乐园，最终呈现在人们面前的是一个选用老旧工厂的材料，以及当地木匠纯手工打造的自然生态全手作乐园。

（7）萱草书屋。萱草书屋的所有书籍都来自社会热心人士的捐助，让这间书屋充满了爱与热情。人们在此分享着知识与收获，分享着城市与乡村的一切。

（四）无锡田园东方

位于无锡市惠山区阳山镇的田园东方作为国内首个田园综合体项目，集现代农业、田园社区、休闲旅游等产业为一体，已成为都市人乡村旅游目的地的代名词，其特点如下。

一是保留原有建筑，修旧如旧。田园东方项目的建造并没有选择盲目拆毁以前的建筑来重新建造，而是选择保留原有建筑、尊重生态，最大限度地保存了村庄的原始形态，保留了村庄的历史记忆。"复兴田园寻回初心"，从田园东方的品牌推广语，以及"修旧如旧"的方式塑造出乡村旅游产品，就可以看出经营者想重温乡野，还原一个淳朴田园生活的情怀。

二是园区板块分明，主题明确。整个田园东方分为"三大板块、六大集群"，其中，"三大板块"包括现代农业、休闲农旅、田园社区三个大板块；"六大集群"包括乡村旅游主力项目、田园主题乐园、健康养生建筑、农业产业项目、田园小镇、主题酒店及文化博览七大集群。每个板块、集群都有自己特有的主题，如现代农业板块规划了"四园、三区、一中心"，展示和科普了现代农业的先进技术；休闲农旅板块借助公司资源，引入了清境拾房文化市集和华德福教育实践基地等资源，开设了市集、主题餐饮、咖啡厅、窑烧面包房、书院等多种业态，打造了生活与休闲融合的田园创意文化园；田园社区板块以"新田园主义空间"理论为指导，把农耕、溪流、健康、苗圃、古刹、阳光等融合在一起，打造都市人向往的世外桃源。

三是富有情怀的乡村旅游产品。田园东方根据现代都市人向往原生态、向往田园生活、向往世外桃源的需求，塑造了原舍民宿、圣甲虫乡村铺子、白鹭牧场、窑烧面包坊、小木屋等各种原生态乡村旅游产品，从游客体验感知的角度，让传统的旅游产品形态得到很好的提升。

综上可以看出，华东地区乡村旅游的特征：①注重当地特色的展现。尊重自然，采用修旧如旧的方式，基本保留原始村庄形态，使游客体会到各村镇不同的特色文化。②勇于借鉴国内外优秀经验，探索乡村旅游发展新模式。华东地区经济发展迅速，随着人们经济水平的提高，对旅游的需求也随之改变，越来越追求便利和享受，所以塑造出了一站式的便利旅游消费以及物联网田园等与高新技术相结合的乡村旅游模式。③注重将乡村旅游的发展与相关产业的结合。旅游的持续发展离不开产业的支撑，无论是传统产业还是新兴产业，采用"旅游+"的方式，更能将其进行优化与整合，并以更好的方式展示在潜在消费者面前，在普及的基础上获得更大程度的创新。④强调情感与体验的注入。在经济高速发展的华东地区，可以看出诸多旅游景区在新的设计中，更加人性化，也更加注重"细微的体验感"，注重在休憩游玩过程中完成感情的联结，在返璞自然的环境中沉淀有价值的体验。

二、华南地区乡村旅游概述及代表项目

华南地区位于我国最南部，北接华东地区与华中地区，南到南海和南海诸岛。作为中国七大地理分区之一，该地区自然环境独特，以热带与亚热带自然风光为主；地理环境优越，地处我国经济最为发达的东部沿海平原地区，形成了航空、铁路、水运、公路共同发展的交通网，使得旅游出行交通十分便利，从而促进了旅游业的发展强大。在社会经济环境与自然环境的推动下，在20世纪80年代，华南地区就已经开始发展乡村旅游，由早期的"农业观光"向现在的"乡村度假型"方向发展，乡村旅游现已作为城市居民减轻工作压力、满足短期休闲度假需求的优质途径。因此，华南地区在乡村旅游上的发展，具有较多学习和借鉴的地方。

（一）海南省共享农庄

中国共享经济发展迅速。在共享经济的影响下，2016年开始陆续出现共享单车、共享充电宝、共享雨伞、共享汽车等，共享农庄也就此应运而生。共

享农庄强调"共享",是共享经济思维的一种典型产物;它以互联网信息技术为技术支撑、共享经济理论为理论支撑,把农村集体经济组织、农村合作社等作为主要载体,主要特征是农业和民宿共享。通过"共享"模式,村民可以将自己现有的房屋进行升级改造,转让民宿股权中的经营权,出租民宿,让都市人可以租赁农田农庄,体验农业生产等农事活动,在满足都市人个性化、高端化、多元化需求的同时,增加了农民的收益以及农业的综合效益。

海南省省政府在 2017 年首次提出"共享农庄"概念,并制定和印发了《2017 年海南"共享农庄"创建试点申报方案》,以及开展"我在海南有农庄"的专项活动,积极鼓励发展共享农庄,提出三种开发建设模式。

(1)整村综合开发模式,指由农民合作社或企业对整个村庄进行统一的规划与建设,有效利用村庄空闲地、废弃地等来建设民宿和其他相关配套设施,对整个村庄的农用地进行规模化的统一生产经营。

(2)村庄农房改造升级开发模式,指由农业合作社或企业将村庄内现有的房屋进行改造升级,使得房屋可以进行出租或将村庄内部分的农用地进行统一的生产经营。

(3)基地开发模式,指农民合作社或企业有效利用农业基地内的农业附属设施用地等来建设管理用房,或利用基地内已有的建设用地建设民宿。通过以上方式所建的民宿都可以出租,也可以将民宿全部或部分的经营权转让;消费者可以在村庄认养农作物或租赁农用地经营权,而农民合作社或企业为消费者提供相应的服务。

海南省省政府在推广营销共享农庄方面,开展共享农庄专项营销,设计全省统一的共享农庄品牌形象,通过公开遴选专业的营销公司来开展推介,打造共享农庄品牌;同时搭建共享农庄网络平台,在线上平台进行集中宣传营销活动。《2017 年海南"共享农庄"创建试点申报方案》中规定了申报条件,各项目严格根据各申报条件进行申报,遵循从优筛选、宁缺毋滥的原则,严格把关每个申请项目的品质。同时,该方案提出共享农庄采用农民共建共享机制,主要分为以下四类。

一是租赁合作参与共享机制。农民合作社或企业从农民的手中租赁房屋、土地等,采用租金动态调整、实物计租货币结算等计价方式,兑现农民房屋、土地租金收入。

二是生产合作参与共享机制。企业采用统一定制、统一技术、统一管理、统一标准的方式,把农民自由的分散土地,纳入共享农庄生产合作中,农民合作社或企业获取管理服务、营销差价等方面的收益，农民按照保底价获取收益。

三是股份合作参与共享机制。农民把房屋使用权、土地经营权等入股给农民合作社或企业，由农民合作社或企业把这些房屋、土地等进行统一的规划建设运营，采取"保底收益＋按股分红"的利益分配方式，使得农民获得房屋和土地的股份收益。

四是劳务承包或务工参与共享机制。农民通过承包农庄相应的生产管理和其他定制服务，在完成任务之后来获取相应的劳务承包收入，若超额完成将享受额外的分成收益。

（二）广东省百万葵园

百万葵园位于广州市南沙区新垦镇，占地 26 万平方米，是国内首个把向日葵作为观赏性植物，并将其设计成超大型主题园林的公园，也是世界上规模最大的以向日葵为主题的生态公园；距离广州市市中心大概一个半小时车程，交通十分便利。百万葵园全年开园，园内一年四季繁花似锦，不同的季节有不同的花种，春夏秋冬皆可游玩；吸引人之处，除了观赏性的葵花、薰衣草等花海之外，还有全国首个有上千只松鼠居住的松鼠乐园、博美小狗乐园与白鸽广场等景点。百万葵园于 2002 年 4 月建成并对外开放，经过 20 年的发展及优化，伴随着许多孩子的成长，见证了时间和空间带给它自身的壮大，成为广州市市民甚至全国各地游客休闲度假的好去处。

该景区主要包括六大特色主题园区。

（1）鲜花世界，由葵海林、薰之恋、英伦玫瑰、四季彩虹、彩云飞五大主题园组成，每个主题园区各具特色，结合国内外优秀经验，邀请著名设计师参与设计，将花海与欧式城堡建筑、动漫建筑相结合，使游客仿佛置身于童话世界。

（2）欢乐广场，由蘑菇戏水池、机动游戏、乐翻天、七彩小火车组成，迎合客群除了欣赏花海之外的需求，从而设计旅游产品，延长游客游玩时间。

（3）动漫科技，包括环球动漫与机器人两大主题。该园区通过对市场进行分析，将动漫与花海相结合，聚集了世界各地 10 万多种殿堂级以及限量版的动漫模型，打造了全球永不落幕的"动漫展"，并且与时俱进建设"百团机器人"主题馆，让游客单独操控机器人，体验掌控未来的感受。

（4）动物天地，由白鸽广场、彩虹松鼠谷、博美小狗主题园组成。其中，彩虹松鼠谷最为出名，是全国第一个有 1000 只以上的松鼠乐园，颠覆传统动物园铁笼做法，将松鼠放养在生活区，让游客可用遥控车喂养松鼠。

（5）婚礼庄园，由向日葵婚礼、薰衣草婚礼、玫瑰婚礼、四季彩虹婚礼四大主题婚礼组成。园区利用自身不同主题的花海资源，衍生出新的花海业态，打造不同主题的婚礼供新人选择。

（6）葵园酒店。其中最为独特的酒店就数花之恋酒店了，它是国内首创的世界级鲜花主题酒店，由11座风格迥异，融合欧洲、东方等元素的建筑群构成，四周被鲜花包围，每个房间都各有不同的主题，每次居住都有不同的体验。

（三）广西省"Club Med"

"Club Med（地中海俱乐部）"来自法国，成立于1950年，是全球最大的度假连锁集团，在全球五大洲30个国家拥有80多座度假村。广西桂林"Club Med"是中国第二家"Club Med"。"Club Med"向游客提供一价全包、自由选择、精致奢华、应有尽有的完美假期，其精髓在于"G.O"（法语"GENTIL ORGANISATEUR"的缩写），意为"亲切的东道主"和"和善的组织者"，他们都是"Club Med"的员工，解决游客的各种需求，如随行翻译、接待、讲解、贴身玩伴、专业教练员等。"Club Med"还致力于为儿童提供特别的看护服务，针对不同年龄段的儿童，有专门的"G.O"提供不同的服务，让游客玩得尽兴、安心。

广西桂林"Club Med"提供一价全包的模式，旺季一天的价格在1700元左右，一价全包服务内容包含住宿、三餐美食、全天候软饮小食及酒水、丰富多彩的陆地娱乐活动、4~17岁儿童俱乐部，专属"G.O"贴身照顾，以及每晚不同主题"G.O"表演秀、派对、麻将、KTV等娱乐。"Club Med"采取会员制，通过建立会员资料库来管理游客，对游客进行分析，做出针对性的方案进行游客维系。在国外必须是会员才能参加"Club Med"的行程，而在我国只要参加"Club Med"度假村旅游的游客就自然而然地成为会员，但是新会员须交265元会员费（包含保险费），有效期一年，超过一年则须补交180元激活会籍，12岁以下的儿童在父母的陪同下则不需要缴纳会员费用。

广西桂林"Club Med"的特色：①它并不是采取全球统一标准化的建设风格，而是结合桂林本土特色来进行打造，拥有50座山峰连绵环绕、一览如画的山水田园风景，以及草地上随处散落着的令人寻味的大师雕塑作品等。②完善的服务机制，提供"G.O"服务和儿童特别看护，专业陪玩让游客在游玩期间可全身心放松享受。③设计符合客群的旅游产品。俱乐部有各种运动项目，不论大人、小孩都可找到适合自己的运动，如蹦极、攀岩、空中飞人、瑜伽、网球、高尔夫、射箭、水中有氧操等，每日都有集体活动，每晚都有不同的主题派对等，供游客自行进行弹性选择。

我国除了广西桂林"Club Med"度假村之外，还有四个正在营业的"Club Med"度假村，分别是以滑雪为主题的黑龙江亚布力"Club Med"度假村和吉林长春北大壶"Club Med"度假村，以海岛为主题的三亚"Club Med"度假村，以海滨度假为主题的北戴河黄金海岸度假村。

总体而言，华南地区的乡村旅游有以下特征。

（1）立足游客本身，设计乡村旅游产品。华南地区乡村旅游把游客的需求放在第一位，根据需求来设计具有针对性的旅游产品。

（2）与时俱进，寻找乡村旅游发展新路径。把乡村旅游与时下热门理念相结合，颠覆传统乡村旅游模式，为乡村旅游的发展寻求新的突破。

（3）寻求特色，放大差异。各乡村根据地理、自然等环境条件的不同，发掘出不同的具有本地特色的旅游产品，并大力做好特色旅游产品的营销宣传，使之与其他乡村形成差异。

三、华西地区乡村旅游概述及代表项目

华西地区，广义指的是我国西部地区。历史悠久，拥有源远流长的文化、秀丽的风景、丰富的物产，民风、民俗浓郁，民族节日、民族歌舞、民族服饰、民族建筑及民族饮食汇集，集自然景观与人文景观于一体，具有发展乡村旅游的禀赋优势。近年来国家对华西地区乡村旅游的重视逐渐增加，给予了大量政策和资金支持，并且伴随着城乡统筹建设的推进、人们生活水平的提高，华西地区乡村旅游发展愈发迅速。笔者选择以下几个典型案例做介绍。

（一）四川新津花舞人间旅游景区

被誉为"西南赏花首选地""全球郁金香时间最长景区"的四川新津花舞人间旅游景区，占地 3000 余亩，由华西希望集团斥巨资打造，是希望集团旗下旅游产业的旗舰品牌，是全国独树一帜的都市农业主题公园，也是成都市最大的综合性农业主题公园。此项目位于四川省成都市南郊新津县，离成都市市区仅 30 多千米，距离双流国际机场仅需 20 分钟车程，与成雅高速、成乐高速、成新蒲快速路及大件路相连接，交通极为便捷，年接待人数可达 300 多万人次。花舞人间全年开园，每个季节都有不同的花种，使得景区 365 天

花开不断。景区以花、树等元素为载体，采用低碳旅游理念，塑造了许多独特的景观，现有杜鹃长廊、九十九级瀑布、迷宫花园、云海、同心潭、花舞天阶、海棠山舍、花卉博览园、森林漂流、金沙沟花海等著名景点。

新津花舞人间作为乡村旅游成功案例的典型代表，有以下三个亮点。

一是结合艺术创意，打造独特生态景观。花舞人间景区以花为载体，通过将颜色各异、品质多样的花与文化、艺术、人文及美学等创意元素相融合，形成独特的景观效果，如迎宾花地毯、宝瓶花径、杜鹃长廊等，实现景观价值与经济价值的有效结合。

二是利用自身资源，塑造主题花节。花舞人间根据景区所拥有的各类花种开花季节的不同，每年分季度举办不同的花节，创造四季赏花文化，如春季杜鹃花节、夏季荷花节、秋季百合花节、冬季菊花节、郁金香节、向日葵节、鲁冰花节、兰花红叶节、花粉节等多个主题花节，不断吸引游客前来，延长景区观赏期。

三是引领低碳旅游，突显景区特色。花舞人间坚持"理解自然、尊重自然、利用自然"的指导思想、"低碳旅游"的开发理念，以及"顺山、顺水、顺势"的设计理念，从而降低建设费用和维护成本及能源损耗。例如，利用山体的自然落差将景区内的水势转换成能量，不用任何电动设施，灵活巧妙地运用机械原理及流体力学原理，让景区内的水从山上往山下流动的时候将30多个低碳景点串联起来，如"击鼓喷泉""人间春色"等景点，以及利用浮力、重力、磁力等力学原理，建设了"雨水塔""生命颂"等景点，成为由全球人居环境论坛（GFHS）授予"全球低碳景区最佳范例"称号的景区。

（二）四川崇州街子古镇旅游景区

被称为"青城后花园"的街子古镇坐落于四川省成都市崇州城西北25千米的凤栖山山下，距离成都50多千米，是四川"天府古镇"的扛鼎之作，也是崇州市古镇金三角的重要构成。古镇距今已有1000多年历史，地处邛崃山脉，毗邻青城后山和九龙山，镇东北与都江堰相接，依山傍水，是川西旅游环游线中现存古街区布局最完整、面积最大的旅游点。古镇景区内现有晋代古刹光严禅院、唐代一瓢诗人唐求故居、北宋农民起义领袖王小波起义遗址、清代古塔、清末民初古建一条街、千年古楠等众多古迹，以及古镇核心景区外的各特色园区，可谓融自然景观与人文景观于一体。

街子古镇发展乡村旅游的亮点：①注入全域理念，实现"处处成景"。街子古镇不再仅仅只依托古镇核心景区，而是颠覆传统思维，以街子古镇为龙头、天府新林盘为承载主体，结合古镇中各村庄的优点打造"处处成景"的旅游点位，打造出以古镇为核心的乡村旅游，使得街子古镇从"千镇一面"到"独具魅力"。②沿袭历史传统，注重游客体验。街子古镇历史悠久，具有深厚的历史文化沉淀，有许多留存至今独具特色的乡风民俗，因此街子古镇有效利用此类资源，每年都会举办兰花会（已有数百年历史）、城隍会、童子会等活动，并在近年注入文创业态，让游客在亲身参与体验节会活动的同时，更能深度了解街子古镇历史和体验旧时时光。③发展多元业态，培育引进特色农旅项目。街子古镇不仅依靠深厚历史文化的古迹和传统民俗来吸引游客，还培育、引进了一系列具有鲜明特色的农业旅行项目，如以家庭亲子、休闲度假为主要客群的陶巴巴农场，以花为主题的樱花公园、五彩玫瑰观光园，以新农村生态观光体验为主的国际垂钓池、香岛葡萄庄园、马术俱乐部等，给予游客更多的选择，延长游客在街子古镇的游玩时间。

（三）贵州西江千户苗寨

贵州省是我国最早提出"旅游扶贫"理念的省份，并且将这一理念贯彻进贵州省旅游产业政策和实践中，使得贵州省乡村旅游得到了快速发展，乡村旅游目的地不断涌现。一批贵州省知名乡村旅游目的地根据自身条件，抓住政策机遇，因地制宜，敢于探索，创建自有品牌，成为贵州省发展乡村旅游的主力军，其中雷山县西江千户苗寨是最为突出的代表。

被称为"中国苗都"的西江千户苗寨是苗族第五次迁徙的主要集结地，被称为苗族大本营，由十余个依山而建的自然村寨相连而成，是世界无双、中国第一的大苗寨。在这里，有着世世代代相传的民风民俗，是领略和认识中国苗族漫长历史与发展之地。西江千户苗寨以政府为核心力量导向，在乡村旅游方面取得了巨大的成就，有以下三点重要原因。

一是抓住政策，把握机遇。西江千户苗寨抓住贵州省对乡村旅游的政策机遇，采用政府主导旅游开发模式，以政府的核心力量为导向，利用政策支持和福利，跨越了乡村旅游自发开发阶段与粗放开发阶段，实现了市场化与规模化，乡村旅游服务基本达到标准化。

二是科学规划，保护乡村旅游资源。西江千户苗寨在开发时，通过科学的规划指导，对当地乡村旅游资源（民族文化）进行了合理利用与严格保护，如雷门县县政府从门票收入中提出18%对民族文化进行保护，有效地传承和保护了民族传统文化。

三是活化市场，鼓励共同发展乡村旅游。当地政府注资成立了西江千户苗寨文化旅游发展有限公司，对苗寨的景观进行打造，内抓旅游经营及外抓客源市场。在公司的带动下，使得西江千户苗寨旅游市场和业态培育成熟，并鼓励西江当地村民全面参与西江乡村旅游，使得西江千户苗寨每一栋吊脚楼、每一块土地都具有潜在的市场价值。

综上可以看出，华西地区在发展乡村旅游过程中，具有以下特征：一是区域发展个性化。华西地区拥有众多的少数民族和不同风貌的自然资源，因此形成了华西地区乡村旅游各区域发展的独特性。二是充分发挥政府作用。华西地区虽然自然资源和人文资源丰富，但经济相对不太发达，因此积极抓住政策红利，借力政府优势资源和资金支持，充分发挥政府的作用来发展乡村旅游。三是严格保护乡村旅游资源。华西地区乡村旅游资源大多都是由自然和人文景观组成的，容易因为商业开发而毁坏，因此都选择保护性的开发，尽量保留原貌，使得当地乡村旅游能够长足发展，也使游客能够感受到原生的乡村旅游环境。

四、华北—西北地区乡村旅游概述及代表项目

华北—西北地区从地理区位来看，华北—西北地区大部分处于秦岭—淮河一线以北，气候多以大陆性气候为主，四季分明，相对寒冷、干燥；从资源条件来看，华北—西北地区孕育了大量古老文明，具有极富个性的地域文化；从经济地位来看，京津冀是我国北方经济规模最大、最具活力的地区，为乡村旅游的发展提供了庞大的消费市场。该地区乡村旅游呈现出类型丰富、成熟度高、游客规模大的特点。本书将重点探讨近年来"现象级"乡村旅游项目背后的打造策略，思考从旅投公司市场化运作、政府主导型农业公园、社群化自主运营主题村落等不同乡村旅游项目背后的成功之道。

（一）北京古北水镇

古北水镇位于北京市密云区古北口镇司马台村，背靠司马台长城，揽鸳鸯湖水库，是京郊罕见的水流、山景和长城景观相结合的区域，因有江南水乡乌镇风格而得名。由中青旅控股发起投资，依托优越的交通区位条件和良好的自然景观资源，同时深度挖掘司马台历史文化，将9平方千米的度假区整体规划为"六区三谷"，即民国街区、老营区、水街风情区、汤河古寨区、民宿餐饮区、卧龙堡民俗文化区六区，以及后川禅谷、伊甸谷、云峰翠谷三谷。总规划区域以明清及民国风格的山地合院建筑为主，配套餐饮、民宿、酒店、演艺

等，实现对休闲、观光、度假和会议的需求。

古北水镇从 2010 年签约打造，2014 年 10 月对外正式营业，2016 年游客量突破 245 万，旅游收入达 7.35 亿元，同比增长 67% 和 59%；营业不过短短的 3 年，从一个无名的小镇成为当今北方炙手可热的旅游景点；2016 年被评为"2016 年网民最喜爱的十个北京踏青地"，2020 年被北京市文化和旅游局评为"首届北京网红人文景观类打卡地"，2021 年被文化和旅游部确定为第一批国家级夜间文化和旅游消费集聚区。古北水镇成功的五大原因，包括选址、布局、业态、运营和融资。

1. 选址

从地理环境来看，古北水镇是北京的东北门户，司马台长城被誉为中国最美、最险的长城，军事历史遗存和地方民俗文化资源独特，同时，从鸳鸯湖水库引水，将北方宝贵的水景观揽入古镇景观中，是北方地区罕见的山水结合的自然古村落；从区位交通来看，拥有京通铁路、101 国道、京承高速三条主要交通干线，距离北京市和首都国际机场均为一个半小时左右车程，距离承德市约 45 分钟车程，交通位置便捷，成为周边城市度假首选之地；从空间区位来看，北方缺水，而古北水镇背山靠水，文化底蕴丰富。

2. 布局

在激发景区活力上，常规类项目与主题品牌活动并驾齐驱，挖掘夜间主题游——"夜游长城索道""夜游船""灯光水舞秀"等常规类项目，推出冬季主题品牌活动——"长城庙会""古北年夜饭""圣诞小镇"等，开发出"雪地长城观赏""冰雕节""温泉"等冬季旅游产品，提升景区人气，平衡淡、旺季客流。

3. 业态

古北水镇改变了千篇一律的观光式古镇游，以提高游客重游率和提升游客旅游体验为业态设置目标，通过营造地域文化韵味和体验感，设置丰富的游客消费场景。景区内的 4 家五星级酒店、30 多家特色民宿、200 多家商铺、10 余个民俗展示体验区和长达 1256 米的长城索道，都成为游客进行场景体验的重要场所。特别是在 10 余个民俗展示体验区中，设置选料、生产、加工到成品的全过程民俗体验，游客互动效率大大提升。

4. 运营

古北水镇与乌镇西栅景区运作模式类似，以统一管理为运营基础，迁出原景区居民，以颠覆式的社区重构来实现景区所有住宅和商铺的产权，同时对原居民进行培训上岗返聘，在统一的规范要求下进行经营，保证服务质量和品质；在线上运营方面，重视 OTA（在线旅游）差评率，充分利用线上渠道口碑优化，进行地域品牌影响力的扩大。

5.融资

投资超过 40 亿元的古北水镇项目，投资方采用成熟的市场化资本运作方式，多方投资公司按比例共同出资持股，确保了项目开发建设所需的资金，同时国有资本、战略投资人、建设运营团队持股比例均为 15%~20%，有效地平衡了管理团队与投资方的利益关系。除开营收以外，运营公司通过招拍挂形式获取 1000 多亩土地，原有古镇继续保持租赁模式运营，新建的酒店采用自持模式进行自营，降低重资产的投入规模，有效提升投资回报率。一系列市场化运作，实现了古北水镇区域范围内的"资源统一调度、区域综合管控、产品统筹营销、服务全面提升"，形成了一个长短期现金流互补、多渠道的盈利模式。

（二）山东兰陵

如果说古北水镇和司马台新村是乡村旅游市场化运作的最优方案，那么，兰陵县乡村旅游就是乡村旅游与新农村建设成果融合的标准答案。山东兰陵县乡村旅游的发展，展示了乡村旅游与现代农业结合的深度与广度，在地域营销策略和文旅农融合措施方面，具备重要的借鉴意义和参考价值。

在 2017 年全国休闲农业和乡村旅游大会上，兰陵县荣获"全国休闲农业和乡村旅游示范县"称号。兰陵国家农业公园被山东省省政府列为全省唯一的农业公园重点支持建设项目。兰陵国家农业公园是兰陵县发展乡村旅游的重要探索之一，先后荣获"国家 4A 级旅游景区""全国十佳休闲农庄""全国休闲农业与乡村旅游示范点""好客山东最佳旅游度假区"等称号。

不同于城市公园，又与一般的乡村游览点和民俗体验园有所区别，兰陵国家农业公园体现在传统农业与现代科技的融合发展、田园生活与城乡互动的休闲模式、农耕文化与乡土民俗文化的升级打造。

三陵乡村旅游的发展途径主要有以下几个方面。

1.抓住节庆，借势造势

万亩油菜花节、万亩葵花节、万圣节篝火晚会、"好客山东贺年会·赶大集"以及每年一届的菜博会等丰富多彩的节会活动，不仅成为宣传推介兰陵旅游的重要推手，更进一步向国内外游客展示了"天下菜园、美丽田园"的农业特色与旅游品牌形象。

2.组团景点，整合传播

兰陵乡村旅游以兰陵国家农业公园为核心，结合文峰山景区、荀子文化园、萧氏文化园以及兰陵美酒产业园等景区，培育形成了"生态健康之旅""沂蒙红色之旅""浪漫美酒之旅"，以及三条兰陵"二日游"专线。

3.开拓渠道，广而告之

在山东省旅游局推出的旅游资讯平台上进行宣传推介，到日照、枣庄、徐州、连云港、合肥等地进行宣传推介，与台儿庄古城景区达成捆绑营销合作意向，到徐州、枣庄、连云港、日照、上海、杭州、南京等重点目标客源市场进行宣传营销。

4.项目迭代，推动升级

加快兰陵国家农业公园进一步改造提升，推动知青文化园等系列文化旅游项目的建设，力促其成为兰陵菜博会、全国休闲农业与美丽乡村现场会等各项活动的闪光点和新亮点。

（三）陕西袁家村

陕西礼泉县烟霞镇袁家村在全国众多乡村旅游集群中，是一匹另辟蹊径且不容小觑的黑马。袁家村传统村落以极小的投资撬动起一天18万的游客量，以村干部运营班子做出年逾10个亿的营业额，以全村62户286人带动3000多个就业岗位，是陕西省著名的乡村旅游地。

袁家村的成功并非一蹴而就，也并非偶然现象，这背后"乡愁式"定位、社群化管理模式、品质管控制度和产业升级迭代都为袁家村的发展提供了必要条件。

人无我有，精准定位——"看得见山，望得见水，记得住乡愁"。袁家村以"关中第一村"的头衔，深度开发关中印象体验，将关中地区民俗传统文化与现代旅游结合，将该地区特有的民俗小吃、技艺、茶馆、游乐与现代的文化创意、休闲体验生活方式结合在一起，将现代充满人文关怀的设计植入传统空间内，融合配套业态，"乡愁"别样体验应运而生。

人有我精，严商品控——小吃村的概念并不新鲜。袁家村能将美食做出名号，很大程度上都依托对运营管理细节上极为严格的把控。例如，在所有的小吃餐饮店铺中，村里规定不允许商户有冰箱，保证食材的新鲜，细到对灶台的大小、位置和设计风格都有严格的标准，以保证情景体验的纯正地道。

严苛的食品质量监督体系及流畅的配合运营，与袁家村行之有效的管理模式分不开。通过集体经济的模式，袁家村做出了自身独具特色的管理模式，这种模式的核心是商户分组自治制度。袁家村村委会将商户按照经营品类和所处位置分成了若干组，每组设立经营组长。由组长负责统一管理卫生、品质、产品特色等，并设立动态打分和淘汰机制。

袁家村在招商运营管理模式上，还采用了免租金、统一经营和管理，对于关系到民生的食品原料统一供货，将商户经营业绩与村集体的经营收益挂钩。这种绩效紧密挂钩的模式，远远超越了购物中心式的租金模式，让物业所有者与经营者的利益紧密联系。

综上所述，华北—西北地区乡村旅游呈现出以下特点：①严商品控，追求品质。无论是古北水镇还是袁家村，都强化景区的服务供应一体化和标准化，重视游客体验。②创新运营，升级转型。上述三个乡村旅游案例在发展的过程中不断调整运营策略，积极转型，调整业态布局，不断创新，稳固区域核心竞争力。③产业先导，因地制宜。乡村旅游长期健康发展，形成产业融合之势，或以一产为主导的农业公园，或制造业带动的农副加工民俗体验，或借力于高端民宿发展的度假集群，将观光式乡村旅游发展转换成为高附加值、高品牌价值的体验式、度假式乡村旅游，根植于可以持续变现的产业，为地区发展带来可持续的动力与活力。

第四章　乡村旅游可持续发展的影响因素

第一节　乡村旅游可持续发展核心问题与关键指标

乡村旅游作为新旅游（New Tourism）的一种，通过对乡村的体验，满足城市居民日益增强的回归乡村、体验乡村、休闲乡村的意愿需求。探讨乡村旅游可持续性发展的意义，不仅在于乡村旅游本身，更在于其赖以生存与发展的根基——乡村而言意义重大。为更好地坚持与落实可持续发展理念，需要明确几个关于乡村旅游可持续发展的核心问题，即乡村旅游的本源主体是谁？乡村旅游的核心吸引力是什么？乡村旅游可持续发展的本质又是什么？只有厘清这几个问题，才能更好地理解与设计乡村旅游，使乡村旅游可持续发展具有更好的落地性与可操作性，并在此基础上确定与坚持乡村旅游未来可行的发展方向。

一、乡村旅游可持续发展的核心问题

（一）乡村旅游的本源主体：乡村居民

在乡村旅游开发中，乡村居民不仅被视为乡村旅游资源不可分割的一部分，因为他们承载了乡村文化与传统，串联起了所有的乡村要素，并且他们又作为乡村旅游产品的直接组织与供给者，积极参与了乡村旅游的初级产品——农家乐的经营，因而乡村居民具有先天的乡村旅游的主导权与话语权。

乡村旅游的本源主体应是乡村居民，只有确定了乡村居民的主导地位，才能合理地确定旅游发展中与城市游客的"主客关系"，才能提升乡村居民的自

尊。这种本源主体的定位不仅要在理论上加以强化，特别要在乡村旅游的概念中得以体现。正是基于此，在本书的乡村旅游内涵界定中，才强化了乡村居民的本源主体地位以及在旅游中充分受益的原则，以区别于传统诸多乡村旅游的概念，从而体现了乡村旅游是一种双向的负责任的旅游行为。但仅仅从理论上溯本清源是远远不足够的，还应落实到具体实践中以真正体现其主体地位与价值。乡村居民需要外界力量的帮扶，特别是政府的力量，所以在乡村旅游发展现阶段依然是以政府为主导的发展阶段，但政府不应以经济人的身份参与经营与民争利，而是更好地发挥政府本有的功能，如对乡村旅游政策的引导，资金与技术的扶持，乡村公共产品与环境的改善，开发商的监管与规范，乡村居民参与、管理与分享旅游的制度保障等，以提升乡村居民参与旅游的热情与积极性，并使之充分受益。如此，乡村居民只有在旅游发展中最大化地受益，才能充分地认知包括自身在内的乡村性作为一种乡村资源的价值，才会主动地去传承与保护乡村文化与传统，才能从内部给予乡村更多的发展动力，推动乡村的健康发展。

（二）乡村旅游发展核心吸引力：乡村性及其决定的乡村意象

对于乡村旅游的核心吸引力，学界一致认为是乡村性。笔者认为，乡村性及其决定的乡村意象共同构成了乡村旅游的核心吸引力。乡村性是区别于城市地域空间环境的乡村特有的本真属性，是区别于城市空间特征的乡村客观存在，如乡村居民及其生活方式与生活场景、传统村落与民俗、田野景观、自然景观等。这些区别于城市空间特征的乡村性经过文化或文学的提炼，在人们头脑中形成了一种关于中国传统乡村的主观意象。不论这些人是否在乡村生活过，如淳朴民风、宁静致远、简单生活、生态环境、田园风情等这种主观意象，由于更多地受到中国传统文学、文化的影响，虽然带有一定的臆想性与理想化，但对于乡村旅游目的地的规划与重构具有理论指导意义，从而为游客尽可能地还原一个唯美的乡村环境与意境。当然，这种勾勒与还原是在充分尊重现存乡村传统景观与文化基础之上的建构，通过发展乡村旅游，促进乡村活力的再现、文化的保护与传承、生活内涵的提升与改变，进而促进乡村与乡村旅游的共同发展，而非对乡村肆意地臆想与改变。

在具体开发中更应注重乡村性的保护，而这种保护需要内外界力量的共同作用。对于外界力量，政府将起到主导作用，尽可能地降低对乡村的干扰，在保持其传统的同时，赋予其新的符合乡村发展需要的经济动力，这需要执政者对乡村资源有着清晰的认知、长远而科学的顶层设计，如合理的城乡规划、乡村规划以及环境与土地保护的相关法规与制度的完善等；还需要发挥政府本身的优势，加大对乡村基础环境与设施的投入与改造，美化乡村的人居环境与生态环境，为乡村经济包括乡村旅游提供一个长久而持续的发展空间，同时对开发商的行为进行规范与管理，以更好地促进乡村性的保护与建设，从而维持城市居民关于乡村的美好意象。

（三）乡村旅游可持续发展的本质

夏普利（Sharpley）指出，乡村旅游可持续发展的本质就是本地化，即开发的目的主要是满足本地社区发展的需要，鼓励地方工艺品生产，建设与扩大本地供应链，保证收益最大限度地保留在本地，并确保开发力度在环境与社会承载力之内。乡村构成了乡村旅游的根基，为其提供了核心吸引力，因而对于乡村旅游可持续发展本质的思考需要跨越单纯的旅游范畴去考虑，特别是在城乡统筹背景的视角下，乡村旅游可持续发展的本质应是乡村的可持续发展。

二、乡村旅游可持续发展的关键指标

（一）可持续旅游发展指标

旅游日益成为区域经济发展的重要工具与驱动时，促使越来越多的人看重它的可持续性。但作为宏观可持续性关注的更多针对的是生态的维度，且宏观长远的发展理念很难落实到微观区域经济活动的指导上。而具体的旅游开发须落实到具体空间与时间所构成的维度中，并涉及多方的利益群体，因而其可持续性的成功应是多方面的，不能仅局限于狭隘的生态和环境立场。格兹西认为，所谓的可持续旅游发展，应符合旅游所涉及的所有利益相关者的根本和长远利益，即游客、当地居民及企业，甚至政府在发展可持续旅游上存在共同点，并可由此达成利益的合作，为此，需要建立多维度的可持续旅游发展指标体系，为旅游目的地管理者提供可遵循的基本要旨。而这种基本要旨来自多学科的融合与提炼，因为旅游是一个涉及地理学、生态学、资源科学、旅游学、社会学、环境学、经济学等多学科与多行业的宏大体系，因而需要针对不同的旅游目的或景区类型，构建针对性的旅游可持续发展体系，以提高管理者的可操作性。例如，由一个专家团队为世界旅游组织设计了一套关于特定景区（点）生态旅游可持续发展的指标体系（见表4-1）。这为其他类别的旅游目的地，包括乡村旅游目的地旅游可持续发展指标体系的建设提供了借鉴。通过识别特定目的或景区（点）的每个指标的期望水平并努力满足其要求，可使管理者有针对性地进行工作以确保旅游可持续发展。

在上述可持续旅游指标体系中，并没有单独强调环境或生态目标，而强调了包括旅游对当地经济的贡献、游客的满意度以及当地居民的满意度等多种指标的存在。这些指标的确定与使用有助于确保使用经济手段支持可持续旅游发展，也有助于提升当地居民对旅游目的地可持续发展的态度支持。

表4-1　旅游可持续发展核心指标

指标	具体测量标准
景区保护	依据 IUCN（世界自然保护联盟）指数确定景区保护的类别
压力	来访景区的旅游者人数（每年/高峰月份）
使用密度	高峰期的使用密度
社会影响	旅游者/当地人口的比率（高峰期以及随时间而变化的情况）
开发控制	执行已有的环境评价程序，或严格控制过度开发和使用密度
废弃物管理	景区污水处理率
规划工作	旅游目的地贯彻现行地区发展规划的情况
重要的生态系统	珍稀/濒危物种的数量
消费者满意度	游客的满意度（基于调查问卷）
当地居民满意度	当地居民的满意程度（基于调查问卷）
旅游业对当地经济贡献	由旅游业带来的经济活动问题所占的比例

（二）乡村旅游可持续发展指标构建

1.指标构建

乡村旅游作为一种新旅游，其旅游吸引物包含广泛分布于乡村地域的景区，同时也包括一些非景区的开放式的乡村旅游地。乡村旅游地不同于一般的自然景区，是因为乡村旅游地很重要的一个吸引要素是乡村居民的存在，他们的生活与生产方式以及他们身上所承载的传统文化构成了乡村旅游资源不可或缺的组成部分。这决定了乡村旅游可持续发展指标的建设不同于一般的自然景区可持续发展指标，有其独特性（见表4-2）。作为旅游地的乡村，不仅要作为一种自然生态系统来看待，也应作为一种有强烈人文文化属性的人类聚落而存在，需要关注乡村在旅游发展中自身发展机制的可持续性。这表现在对乡村文化的尊重与传承，并保障乡村居民在旅游中的充分受益以及乡村景观的维系等方面。同时，乡村更应作为一个开放的生态系统来看待，而不应单纯作为一个封闭式的景区来看待与开发，特别是一些空间狭小且有原始居民的古村落更是一类重要的旅游开发利用对象。由于在千百年的历史进化中，古村落形成了自己独有的历史文化积淀，这反映在古村落的空间格局及建筑景观等文化脉络上，同时也体现在原始居民的生活与生产方式、语言、风俗文化等方面。这些人的要素和自然的要素已充分交融在一起，形成一个独特的人类聚落系统，并与外界有着紧密的联系与交流。因此，对于古村落型的乡村旅游景区（点）的开发要根据其合理的旅游容量值进行规范开发，以降低对其开发利用的规模与强度，维持古村落的乡村性，特别是传统文化价值。

表4-2 乡村旅游可持续发展关键指标

一级指标	二级指标	指标描述
资源环境	旅游开发强度与规模 旅游污染物处理能力	小于或等于乡村生态环境最大容量值 大于旅游污染物的增长速度，有适合乡村的生态污水处理及垃圾集中处理设施
	乡村性的改变程度	维系原有的村落建筑景观、田园景观及村落公共空间特征，尊重原有的乡村文化；乡村环境因旅游得以优化
	资源价值的变化	为正或不变
经济	旅游业收入	收入及就业呈增长趋势，且旅游收入增长率大于游客增长率
	产业结构调整	传统农业结构得以优化，且所有产业与旅游业有着紧密的关联度
	旅游净收入	扣除旅游环境成本后的旅游净收入为正
社会	旅游规模	小于或等于乡村社区的社会容量值
	社区的投资能力	社区的旅游投资占比应为主导地位
	社区的参与能力	有良好的参与渠道，全过程参与，包括规划、开发与管理
	社区的受益能力	有良好的制度与渠道保障社区分享旅游利益的权利
	社区的满意程度	为正
市场	市场规模	有着较近区域的城市市场做支撑
	游客的满意度	为正
政策资金	政策指标 资金指标	有着持续的来自政府的政策引导与资金的扶持

2.乡村旅游目的地旅游容量的界定

旅游容量（TCC），也有学者称之为旅游环境承载力（TEBC），是衡量可持续旅游发展的一个重要判据之一。旅游容量源于环境容量概念的演变。环境容量最初主要是指某一区域环境可容纳的某种污染物的阈值，而这个阈值存在着一个上限值，意味着自然环境应具有一定的消纳污染的自净能力。后来环境容量被应用到旅游学研究范畴内，并提出了"旅游容量"这个概念。

崔凤军等人认为，旅游容量是指特定时间内某地域的旅游地（区、点）所能承受的旅游活动最大值，一般用游客量来表示。[①] 旅游容量不同于单纯的环境容量，环境容量最初只是关注生态系统所能承载的非人类活动的极限，而旅游容量由于涉及旅游景区（点）生态的承载力、当地社区居民与游客的心理承受力以及当地社区的公共设施的承载力等诸多因素，因此决定了旅游容量的阈值之内应至少满足三个条件：一是不降低旅游地自然环境质量，即旅游地的环境质量不应受到损害；二是不降低游客的旅游质量；三是不损害旅游地社区居民的社会福利。因而旅游容量不是一个单一的概念，它是一个概念体系，由自然容量（NCC）和社会容量（SCC）构成。自然容量又可分为物质容量（PCC）（也被称为设施容量，Facility Carrying Capacity）和生态容量（ECC）；社会容量又被称为社会心理容量，分为游客心理容量（TPCC）和当地居民心理容量（RPCC）。因此，旅游容量取决于 PCC、ECC、TPCC 和 RPCC 四个分量值（见图 4-1）。

用公式表示：TCC=min（PCC，ECC，TPCC，RPCC）。

图 4-1　旅游容量体系示意图

乡村旅游目的地是一个包括田野景观在内的宽泛的地域空间，但从空间的集聚度来讲，游客相对集中于具有一定地域空间界线的以古村落、旅游小城镇为主要依托的乡村景区中。乡村景区最核心的旅游资源价值在于其独特的乡村

---

① 崔凤军，徐鹏，陈旭峰.文旅融合高质量发展研究——基于机构改革视角的分析[J].治理研究，2020（6）：15-18.

性，这决定了乡村旅游可持续发展的关键在于乡村性的维系。只有通过制定合理的旅游容量值，在充分考虑其生态容量、设施容量、社区居民及游客的心理容量之外，还要考虑一些独特的乡村旅游景区，如传统村落或特色村落，除了旅游之外，还有村落自身发展的机理与要求，因而此类乡村景区关于旅游容量的考衡不应是静态的，而应是动态的。于发展中设计与修正此类村落的旅游容量，在不同发展阶段，根据不同乡村景区的类型与功能定位，对其旅游容量的分量指标要有不同的侧重；且要充分考虑村落在各项经济活动，包括旅游活动中的土地利用强度，以尽可能保护乡村的田园景观特质，避免被过度的城市化与商业化。因而在未来的乡村旅游发展中应大力发展小众旅游、预约旅游，倡导慢旅游与慢生活，为游客提供一份宁静的乡村空间，在体现乡村旅游原有的深度休闲特性的同时，维持乡村的传统与活力。

第二节　乡村旅游可持续发展运行环境与运行机制

一、乡村旅游可持续发展的运行环境

世界旅游组织将可持续旅游定义为具有能够提高旅游区当地居民的生活质量，能够向游客提供高品质的旅游体验，在满足现实旅游者和当代居民需要的同时，能够保证旅游区环境免遭破坏等方面特征。根据世界旅游组织对可持续旅游的定义，本节从旅游地生态环境、经济环境、社会文化环境、政策与法律环境、设施与技术环境方面对乡村旅游可持续发展的运行环境进行研究。

（一）旅游地生态环境

旅游地生态环境是指影响旅游地发展的水资源、土地资源、生物资源以及气候资源数量与质量的总称，它影响着旅游地的社会和经济的可持续发展。旅游地生态环境具有如下特征：一是内容的广泛性，包括如地质地貌、大气、水体、动植物、自然保护区等天然的自然因素，以及经过人工改造的自然因素共同构成的生态环境；二是要素的脆弱性，受旅游活动的影响，生态环境的各个要素会产生如周期性变化（季节性、节律性变化）和随机性变化（如非典型性肺炎对我国旅游业的影响）、线性变化和非线性变化、渐进性变化和突变性变化等；三是形式的地域性，旅游目的地的生态环境具有地域性差异，如福建的

围屋（客家人所建）、广东的碉楼（华侨所建）、湖南湘西的吊脚楼（土家人所建）、皖南的白色灰瓦民居（安徽的儒商所建）等建筑特色与风格迥异；四是数量的稀缺性，相对于人们的需求来说，旅游生态环境在数量上表现出稀缺性，例如，张家界、九寨沟等景区之所以能蜚声海内外，很重要的一个原因在于其环境的稀缺性。

在乡村旅游可持续发展的内涵中，生态的可持续性是其中最基础的内容。生态的可持续性对于维护旅游地自然财富和维持生命系统的物质组成起着不可或缺的作用。奥弗涅和斯普林格认为，保护生态环境的可持续发展要满足保持生产力、适应力和重建的所有生命依赖的生态系统，以及生命支持体系的完整性；保持生物多样性，即一切生命形式；确保可持续人口动态分布三个条件。根据系统科学理论，旅游地自然生态系统、社会系统、文化系统、经济系统和政治系统可以组成一个较为完整的社会大系统。自然生态系统的良性发展是旅游地整个社会大系统可持续性发展的基础。自然生态系统的开发利用不能超过它本身的恢复阈值。旅游地自然生态系统的景观生态属性和环境状况，是决定旅游地的开发方向和利用程度的重要因素。所以，乡村旅游的可持续发展必须建立在生态系统可持续发展的基础之上，充分认识自然生态资源的价值和使用价值，在充分分析旅游地自然承载能力和社会承载力等综合因素的基础上，通过合适的旅游容量控制来避免自然生态系统的破坏，从而实现生态系统的可持续发展。

（二）旅游地经济环境

旅游地经济环境主要由旅游地经济发展水平、社会经济结构、经济政策、社会购买力、消费者收入水平和支出模式、消费者储蓄和信贷等要素构成。旅游地经济可持续发展是旅游地其他方面可持续发展的前提和基础，没有经济可持续发展就谈不上其他方面的可持续发展。汉考克提出，宏观经济政策措施要在各部门有效地进行资源分配，更公平地获得资源，以增加穷人的生产能力等经济可持续发展的相关政策。

旅游地经济可持续发展应在可控制水平上实现经济发展增长率的优化，为此，可以通过国家旅游经济总量之间的关系、国民经济增长和旅游需求的关系，构成乡村旅游产业的各要素部门的运行规律以及旅游业和其他产业发展的协调程度等反映的旅游地经济环境作为乡村旅游系统决策的重要依据。[①]

[①] 张洁，赵黎明.乡村旅游可持续发展的运行体系研究 [J].河北大学学报（哲学社会科学版），2009，34（3）：81-84.

旅游地经济可持续发展应以提高旅游地旅游市场的服务质量和水平为中心。随着我国经济社会的发展和生活水平的提高，旅游市场服务质量和水平必须得到相应的提高，这样才能实现旅游业的快速发展，为此，需要对旅游市场加强规范和管理，以提高旅游地旅游市场服务质量和水平为中心，提高旅游地旅游市场服务意识和服务效率。一是必须提高旅游地旅游市场的服务质量。在有限的投入下，充分利用已有的资源，通过服务质量的提高来实现旅游地旅游业发展的最大经济效益，从而实现旅游地旅游经济的可持续发展。二是必须提高旅游地旅游市场的发展水平。为了更好地发展我国乡村旅游，要逐渐完善旅游市场法治建设，依法治理和规范旅游市场秩序；加强对航空业的投入和标准化管理工作，加强对铁路系统进行提速和电气化改造，加强对高速公路的建设；大力整顿旅游公司及中介机构，以提高服务质量，保护消费者权益。这些措施对有效开发旅游资源、促进旅游市场健康发展、实现旅游地旅游经济的可持续发展具有重要意义。

（三）旅游地社会文化环境

旅游地社会文化环境是旅游地运行环境中最深刻和最重要的变量。旅游地的社会文化主要由特定的价值观念、审美观念、行为方式和风俗习惯等内容构成，是在长期发展历史过程中形成的、影响和制约人们的消费观念、需求欲望以及生活方式，并对旅游地的发展产生直接影响。

旅游地社会文化环境的研究主要从以下几个方面入手：一是教育状况分析。教育程度的高低影响着旅游消费者对旅游产品项目的服务水平和质量要求的差异性。文化教育水平高的旅游消费者对旅游产品项目的附加功能有一定的要求。所以，旅游地的市场开发、产品定价和促销等活动要考虑到旅游消费者所受教育程度的高低，从而采取不同的策略。二是价值观念分析。不同地域人们的价值观念往往有着很大的差异，由此旅游消费者对旅游产品项目服务水平和促销方式会产生不同的意见与态度。旅游地的营销必须根据旅游消费者不同的价值观念设计产品和提供服务。三是消费习俗分析。消费习俗是人们在长期经济与社会活动中所形成的一种消费方式与习惯。消费习俗影响着旅游者对旅游产品的要求。研究消费习俗，有利于组织好旅游产品项目的生产与销售。

旅游地社会文化的可持续性取决于能否确保旅游地的社会文化环境不会被外界文化影响或削弱，意味着尊重旅游地的社会认同和社会资本，尊重旅游地的文化及其资产，尊重旅游地的社会凝聚力。由此，实现旅游地社会文化的可持续发展，旅游地居民对自己独特的地方文化要有认同感和自豪感，同时，要对旅游地进行有效的宣传，使游客了解旅游地的风土人情和民风民俗，充分尊重旅游地的风俗习惯。在旅游地开发中，充分尊重旅游地社会文化资源的独特性，不断挖掘旅游地独具特色的社会文化资源，让更多的旅游者了解和享受丰富多彩的旅游地社会文化资源，这样才能有利于旅游地社会文化资源的可持续发展。

（四）旅游地政策与法律环境

旅游地的政策与法律环境是指对旅游地具有现实和潜在制约与影响的政局稳定状况、政府政策、政府管制、政治力量和立法等因素。政策制度的规范性和延续性、法律法规的针对性和有效性、政府对乡村旅游市场的干预程度等因素，在一定程度上影响了乡村旅游地的旅游产品开发、旅游市场供需平衡、旅游者旅游行为和旅游投资者的资金流向与投资信心等，所以建构良好的旅游地政策与法律环境有利于促进乡村旅游的可持续发展。

（五）旅游地设施与技术环境

旅游地的基础设施是指旅游地为满足旅游者的旅行游览需要建设的各项物质设施的总称。旅游的基础设施主要包括交通设施、通信设施和酒店设施等。交通设施是乡村旅游发展的基础性条件。乡村旅游道路交通包括对外交通和内部交通两个方面。对外交通连接乡村旅游客源地和目的地，包括陆路交通、水路交通和航空交通。乡村旅游要求对外交通快捷和舒适。内部交通连接乡村旅游地内部的各个景点，乡村旅游要求内部交通行走舒适，道路和景观和谐、协调。通信设施是现代乡村旅游发展不可缺少的部分。乡村旅游地的通信设施包括电话、传真和网络。便捷的通信条件使旅游地与外界紧密联系。酒店设施是旅游基础设施的重要组成部分，为旅游者提供膳食、住宿和服务。旅游酒店设施作为旅游者的临时居住场所，要求服务设施清洁和实用，让旅游者有舒适、愉快、安全的感觉。服务质量是衡量旅游酒店经营管理水平的重要内容。旅游酒店的优质服务可以增加客源，提高经济效益。所以，建设旅游酒店设施，要考虑交通是否方便和客源是否充足；同时，要因地制宜，反映民族风格和地方特色，与旅游地景观相辉映。

交通、信息和通信系统的技术优势对现代旅游发展有着重要影响。玛丽安和皮萨姆认为，旅游基础设施的技术条件在实现旅游地的可持续发展方面将发挥核心作用。为促进旅游地的可持续发展，运用低影响力或无害环境技术，可以减少对旅游地自然、社会和文化影响。先进的信息技术、电子邮件和电子商务可以为旅游地带来便利，为旅游地提供通信网络，使旅游的利益相关者可以互换信息，并通过互联网开拓更为广阔的市场。很多国外旅游地为了实现旅游业的可持续发展，采取先进的交通和通信技术、软移动系统、高效率能源资源和无害农业技术等。所以，旅游地可持续发展要求评估和监测旅游业对旅游地生态环境的影响，运用对生态环境影响较小的设备和技术，这样可以减少旅游发展对生态环境的影响。

二、乡村旅游可持续发展的运行机制

（一）推—拉运行机制

旅游动机方面的推—拉理论（Push-Pull Theory）来源于驱力理论和期待价值理论。20 世纪 50 年代，托尔曼将上述两个理论结合起来，认为行为动机可分为内在动机和外在动机。其中，内在动机包含以驱力为基础的情感（推的）因素；外在动机包含对外部刺激目标的认知（拉的）因素。

乡村旅游的发展是一个复杂的过程。在乡村旅游的发展中，影响乡村旅游发展的动力因素包括内部因素和外部因素，主要包括区位条件、旅游资源条件、旅游环境质量、旅游环境容量、当地居民的态度、旅游产品、旅游规划、市场营销策略、形象定位、后续开发能力、旅游地的交通条件、同类旅游地的竞争、社会经济条件、旅游者偏好的改变、政策因素、旅游地外部投资力度等，其在动态的发展过程中受到这些动力因素的影响，共同构成促进乡村旅游发展的推动力。乡村旅游能否得到发展、可以发展到哪种程度，都是由上述这些动力因素的合力所决定的。当促进乡村旅游发展的推动力超过阻碍乡村旅游发展的阻力时，乡村旅游处于增长的状态；当促进乡村旅游发展的推动力等于乡村旅游发展的阻力时，乡村旅游处于停滞的状态；当促进乡村旅游发展的推动力小于乡村旅游发展的阻力时，乡村旅游处于衰退的状态。

（二）组织传导运行机制

组织传导运行机制是指在乡村旅游发展系统内的各种动力要素通过组织交叉与协同交叉的方式形成推动乡村旅游发展的合力。[1] 在乡村旅游发展系统中，各种动力要素通过组织交叉与协同交叉的方式相互作用和相互影响，由此产生对乡村旅游发展的动力和阻力。当影响乡村旅游发展的内部因素和外部因素得

---

[1] 段兆雯 . 乡村旅游发展动力系统研究 [D]. 杨凌：西北农林科技大学，2012.

到协调和控制时，各影响因素通过组织交叉和协同交叉，共同形成推动乡村旅游可持续发展的动力；当影响乡村旅游发展的内部因素和外部因素不能得到协调和控制时，各影响因素在组织交叉和协同交叉的传导输送过程中，由于外界环境或人为等因素影响，部分要素之间互相竞争抵消，使推动乡村旅游可持续发展动力减弱，甚至成为乡村旅游可持续发展的阻力。

（三）一体化协作运行机制

乡村旅游发展系统一体化是指在乡村旅游发展系统的发展过程中，系统内部各要素之间以及系统与外界环境之间形成强大和有效的网络联系，共同推进乡村旅游发展系统的运行和发展。乡村旅游发展系统一体化协作运行，主要通过构建嵌入的、授权的、内生性的社会网络的方式来实现。乡村旅游发展系统一体化协作运行的社会网络，既具有开放性特征，又具有封闭性特征。开放性是指乡村旅游发展系统一体化协作运行的社会网络生存于一个更大的社会网络中，接受来自更大社会网络的信息和力量，激发乡村旅游发展系统一体化协作运行社会网络的活力；封闭性是指乡村旅游发展系统一体化协作运行的社会网络为了实现更大的效率，必须保持相对的闭合状态。

在一些乡村地区，乡村旅游的经营主体主要是一些家族企业。这些家族企业经济资本有限、管理经验匮乏和服务水平落后等问题，使他们难以取得很好的经济效益和社会效益。这就要求建构乡村旅游发展系统一体化协作运行机制和模式，建立相关的利益主体网络联系。乡村旅游发展系统一体化协作运行机制和模式实质是乡村旅游发展中，如政府、企业、乡村社区居民、旅游者等利益相关者为了取得自身的利益，通过建立相关的利益主体网络联系的方式，形成合力共同推动乡村旅游的发展。在乡村旅游发展系统一体化协作运行的社会网络结构中，各利益相关者都是平等的主体，形成一个以市场、政府和公民自治参与的多中心治理机制，目的在于协调企业、政府和公民等利益相关者在社会发展中的各自利益诉求，既克服企业、政府和公民等利益相关者在社会发展中的缺陷，又充分发挥企业、政府和公民等利益相关者在社会发展中的积极作用，从而实现社会的可持续发展。企业、政府和公民等利益相关者共同参与"投资战略"创造强大发展势头；企业、政府和公民等利益相关者拥有和分享资源，致力于共同利益基础上的合作行为，通过相互协作共同开发资源。

第三节　乡村旅游可持续发展影响因素与发展路径

一、乡村旅游可持续发展的影响因素

（一）自然环境因素

1.农业资源

农业资源包括林业、牧业、副业、渔业资源，以及加工制造业崛起的新农村，农业高科技观光园等，都是无须包装的淳朴自然的乡村旅游资源。富有特色的乡村传统劳作，有些仍保留有古老的耕作等劳动方式，诸如牛马耕种、驴马拉磨，以及采摘水果、收割麦子等参与性活动，充满了乡村生活气息，富有诗情画意，使城里的客人陶醉流连。

2.自然风光资源

乡村所处地理位置及自然地理环境不同，海拔高，温差大，降水量少，因而乡村具有丰富多彩、各具特色的自然风光。

3.民俗文化类资源

民俗文化类资源包括该地产生的悠久历史，地方上的历史人物和现当代知名人士，有特色的乡村聚落、民俗活动和宗教信仰活动，当地传统手工艺、特色产品及有特殊手工艺技艺的农民等丰富的资源。

（二）政策因素

乡村旅游行业是以政府为主导的，因此，乡村旅游更需要依据国家的相关发展旅游政策来进行产业的规划和调整。政府所提出的相关政策很大程度上代表了政府对当地旅游产业的政治意愿，因此根据政策上的意愿能够有效、快速地调整相关产业的配比，能够成为当地乡村旅游行业发展的风向标。可以说政府的政策很大程度上主导了乡村旅游行业的发展空间。乡村的旅游行业发展需要通过政府的审核，从竞争力来看，能够遵循政府政策的乡村旅游行业更能够得到当地政府的支持和认可。

就旅游业而言，机遇是指能促成有利于旅游行为的事件。旅游业是高弹性的产业，对外部环境有着高度敏感性。重大机遇对旅游产业的发展有巨大推动

作用。例如，举办奥运会的同时，作为东道主的国家能够通过奥运会提高本国在世界上的影响力以及知名度，而战争、传染性疫病、自然灾害、恐怖活动、金融风暴等会直接使涉及的国家和地区的旅游业迅速跌入低谷。

在我国进入 21 世纪，并加入世界贸易组织（WTO）以来，国家出台的各个政策都围绕着如何适应国际市场，能够通过国内经济的稳定增长来促进国际上各项产业的发展。在我国，农业占我国的总体土地面积巨大，农业也是我国的一项支柱产业。由于当前科学技术的发展严重刺激了我国传统农业的发展，为保证农村快速发展，农村的农业产业逐渐向外延伸，发展像农村旅游这类衍生产品，增加农村农业与其他行业之间的竞争，以加快乡村发展、加大竞争力为主要目的。在农业衍生产品出现的新阶段，国家政策则是这一新兴产业的依靠。

（三）经济因素

其一，发展乡村旅游业可以有效优化农业经济结构。农村农业经济想要得到持续、有效的发展，必须要对农业经济结构进行不断优化。乡村旅游业作为带动农村经济发展的主要产业，它能够对农村的产业结构进行调整和优化，改善乡村基础设施，为农村其他农副产品的发展奠定良好基础。其二，发展乡村旅游业可以增加农村就业机会。乡村旅游业带动了农村经济的发展，它能够为农村提供很多的工作岗位，大大增加农民的就业机会，增加农民的收益和提高农民的生活水平，缩小城乡差距，激发农民创业的热情，从而有效振兴农村经济。当然，农业经济结构在得到一定优化和改善之后，又会对乡村旅游业的发展起到一定的推动作用，因此，二者在发展过程当中是相互促进、相辅相成的关系。

（四）社会因素

乡村旅游能够将大量的新信息带到乡村中，使乡村能够更快、更好地发展。同时，不同的文化环境是吸引大量旅游者的特点所在，而信息的流动可能会直接影响到当地的文化，这对当地居民的影响非常大，也会对乡村旅游产生一定的影响。

乡村旅游的发展，极大促进了乡村地区的产业发展，带动了乡村地区基础设施的完善，对农村地区的就业、农民收入的增加、乡村地区经济水平的提高都有着非常明显的促进作用。乡村旅游投资少、见效快，能全面拉动乡村经济的发展，但是有较为独特风光和文化的乡村地区能迅速发展起来，实现乡村振兴。乡村旅游有效推动了乡村振兴背景下社会主义新农村的建设。

二、乡村旅游可持续发展路径探析

（一）明确指导思想与原则

在拓宽乡村旅游可持续发展路径的过程中，明确乡村振兴的指导思想与乡村旅游发展的基本原则是尤为重要的。坚持贯彻和落实党的十九大精神，坚持绿色、生态、特色、多元的发展原则，不断提升其发展品质，使其内涵变得更加丰富；秉承"绿水青山就是金山银山"的理念与思路，在开发过程中要注重保护的重要性，做好资源的统筹，合理评估与全盘考虑其发展潜力及承载力，保护好乡村的特色风貌及生态环境。与此同时，在发展乡村旅游时，要坚持市场化原则和导向，结合乡村发展生态旅游的实际情况与现状，开发与创新各具多样性、差异化及特色化的旅游产品，最大化地保持原生态，也可以通过以发展特色农业、生态农业为基础，保护好乡村传统文化与风情，重视对乡村文化遗产及文物的保护和传承，打造更具民风的乡村旅游产品，促进乡村旅游向品牌化、精致化的方向发展与演变。

（二）重视乡村旅游的规划与布局

在乡村振兴的大背景下，为了能够更好地实现乡村振兴的目标，须重视乡村旅游的规划与布局，以乡村旅游推动乡村振兴工作的更好开展。在乡村旅游区域布局的整体优化过程中，须结合乡村的旅游市场、旅游产品来进行整体规划，充分利用乡村风情、古镇古村特色、文化村寨等优势，不断打造生态宜人的乡村旅游胜地，塑造多种乡村旅游主题，吸引广大游客的到来，不断整合乡村各类生物资源、生态环境，构建更具区域性、独特性的乡村旅游发展模式。与此同时，在制订乡村旅游发展规划的过程中，要将其与保护生态环境、建设基础设施、国土空间规划及社会经济发展规划进行有效融合，对多地区的乡村旅游资源进行全面普查与现状调查，编制更加科学、适宜的乡村旅游发展规划，实现乡村旅游资源的跨地区整合与优势互补，使得乡村旅游发展规划与设计更加切合实际，更能够将乡村民情、乡村风貌及乡村文化精髓进行彰显、诠释和传承。除此之外，在乡村旅游规划与布局的过程中，所有乡村资源的规划与整合都要遵循客观规律，维护生态健康与平衡，走实事求是、可持续发展道路，这样，乡村旅游才能够更长久、更长远、更健康地发展。

（三）重视基础设施的健全及公共服务水平的提升

发展乡村旅游，做好基础设施的建设与完善是非常必要的。在建设美丽乡村、新型城镇的过程中，要强化乡村景观建设工程及其他基础设施工作的开展，使得乡村的旅游环境得到最大限度的改善与升级。此外，从交通运输等方面来全面完善乡村旅游的公共服务体系，如完善乡村道路的规划和布局，打造乡村旅游道路专线，给全国乃至世界各国的游客提供更加便利的旅游出行路线，这也能吸引更多游客来乡村旅游，带动乡村旅游经济的进一步发展。

与此同时，在完善乡村旅游的基础设施建设时，重视乡村旅游景区水电、公厕、通信、环卫、停车等基础配套的完善，能够有效提升乡村旅游服务的整体效果，给广大游客提供更好的旅游体验，有助于乡村树立更好的旅游品牌和形象。除此之外，在设计与建设乡村旅游相关基础配套设施时，可以结合乡村旅游的主题规划，创造一些特色主题形式或者标志，也可以将乡村特色文化融合进来，一方面提供基础功能性服务，另一方面能够实现文化、精神的传播与传承；同时，全面强化乡村旅游服务体系，建设乡村特色的旅游标识牌，在信息共享、资源解说、安全救援、商品购物、户外运动、休闲娱乐、住宿餐饮等方面进行服务体系的优化与健全，逐步推动乡村旅游向智慧旅游方向发展与演变，进一步推动乡村旅游更加综合、全面与可持续发展。

（四）挖掘与发挥乡村旅游特色文化价值

我国大部分乡村地区都有极具特色的传统民俗和风情，其历史悠久、文化底蕴丰富。很多地区农业文化遗产、古灌溉工程文化遗产、农业遗迹、古建筑、古村寨、古村落、文物古迹类型丰富。首先应充分利用乡村旅游文化特色来振兴乡村旅游。这既符合乡村振兴的可持续发展战略要求，又与发展和助力"三农"的目标相契合，还能够更好地拓宽乡村旅游服务的可持续发展路径，将乡村旅游与村镇文物资源、文化旅游有机结合；其次可以通过发展特色农业、打造生态农业旅游小镇、建设精品或者休闲旅游项目等，使得我国乡村地区的农耕文化、民间传统民俗、区域特色文化等得到传承与彰显，使其以多样化的乡村旅游形式拓展开来，促进乡村旅游产品类型更加丰富，为乡村旅游的可持续发展贡献力量。另外，在城镇化发展速度与发展水平不断提升的时代背景下，人们的生活节奏也在不断加快，对于乡村田园生活的向往与憧憬的程度越来越高，很多旅游爱好者对于乡村旅游的期望值和意愿度很高，因而通过对乡村旅游市场进行调研与分析，能够知晓乡村旅游特色产品如何进行改革与创新，如何巧妙、科学地利用乡村的自然、文化等优势资源来传承乡村优秀的文化与价值，并通过对乡村旅游产品的设计与创新，满足更多乡村旅游爱好者的需求。这既能够帮助我国乡村打造更具特色的旅游品牌，又能够帮助乡村树立更好的旅游形象，为乡村旅游的健康、可持续发展奠定基础、丰富内容，对于振兴乡村、促进农民增收、改善农村环境、调整农业产业结构都较为有利。

（五）强化乡村旅游营销模式的多元化创新

为了能够推动乡村旅游服务得以可持续发展，构建乡村旅游特色品牌与树立优质的形象是不可忽视的。打造知名的乡村旅游品牌，便于推广和宣传乡村旅游，使乡村旅游更具识别性与独特性，便于游客记忆，也利于激发游客对乡村的向往，吸引更多企业到乡村进行投资建设，打造服务体系更加健全、基础设施建设水平更高、乡村特色资源得以更好开发与利用的乡村旅游产业园，便于乡村旅游产品的营销与推广。与此同时，随着信息、科技的不断发展，在对乡村旅游进行营销与宣传时，可以利用快手短视频、微信朋友圈等形式，让更多国人及世界各国友人了解乡村旅游的特色，从视觉、听觉等方面来刺激游客的感官，吸引更多游客前来参观与游览，构建较为健全的旅游服务体系，为广大游客提供良好的乡村旅游体验。无论是交通、住宿、餐饮，还是其他旅游服务，在保护生态环境的前提下，都要做到尽量满足广大游客的正常需求，推动乡村旅游得以持续发展。

第五章 乡村旅游可持续发展的动力系统研究

第一节 乡村旅游可持续发展动力系统概述

一、旅游发展动力系统概述

旅游发展动力系统是一个由旅游消费牵动和旅游产品吸引所构成的，并由消费引导和发展条件所辅助的互动型动力系统。旅游发展动力系统主要包括需求系统、引力系统、中介系统、支持系统四大部分。

从供给和需求两个方面看，旅游目的地的供给要素是影响游客出游决策和目的地选择的主要方面。旅游供给方提供吸引游客的要素以及帮助游客实现出游的工具，如景点或旅游项目、接待设施的规模、接待服务的质量、目的地举办的旅游节事活动等，都是吸引游客的要素。需求的存在可以成为推动游客出游的重要因素，也是推动旅游产品生产的原动力，是不可忽视的发展动力构成要素。

人对旅游的需求是旅游发展的原始推动力。需求系统主要包括需求结构和需求量及其发展趋势。旅游活动具有资源指向性。旅游资源（旅游吸引）是吸引游客、发展旅游业的基础。

引力系统主要由物质性和非物质性两部分组成。物质性引力系统有景观与环境吸引、设施吸引、事件吸引；非物质性引力系统有文化差异吸引、形象吸引、活动（经济、社会、文化等）吸引、氛围吸引和服务（旅游信息、接待等服务）吸引。

中介系统是一个联络旅游产品和旅游消费的中间环节，它一方面把旅游产品推向市场，引导消费，将旅游需求转化为旅游行为；另一方面又将需求信息反馈给旅游供应者，指导其制订旅游开发、产品设计和产品销售战略。中介系统主要是指由各种传媒、宣传品、旅行社以及旅游交通等要素组成的，沟通旅游生产与消费的网络系统。中介系统通过人的流动，从而达到推动旅游产品生产、发展旅游的目的。

支持系统即旅游发展的大环境，它由硬环境（基础设施建设、交通、环境卫生等）和软环境（社会、经济、文化、公共服务、景点管理、旅游政策等）构成。支持系统是构成旅游形象的潜在因素，对旅游吸引的营造具有很强的辅助作用，是实现旅游可持续发展的环境保障。

二、乡村旅游可持续发展的动力系统

乡村旅游发展动力系统是一个处于发展变化的结构组织，因此，随着乡村旅游发展经历萌芽、发展、成熟的不同时期，乡村旅游发展动力系统的构成要素也在发生变化。本章节对于乡村旅游可持续发展动力系统采取一般要素建构到具体区别要素分析的方法。因此，笔者认为，乡村旅游发展动力系统由引力系统、需求系统、中介系统及支持系统四个子系统组成，而农民、城镇居民、旅游企业（旅行社）、政府是构成各子系统的四个主体。引力系统的吸引要素构成了旅游需求的产生；同时中介系统对旅游需求成为现实的旅游行为产生了推动作用，一方面，刺激了引力系统主体的乡村旅游产品的生产，另一方面，中介系统的信息和服务也刺激了旅游消费；而支持系统对乡村旅游的发展提供了基础的支持条件，起到了辅助吸引的作用。

（一）引力系统

乡村资源主要是"拉"的要素，因此，乡村旅游的引力要素主要由乡村地区的综合性的资源构成，也就是乡村旅游资源。从传统意义的旅游资源上来划分，乡村旅游资源包括物质性吸引要素和非物质性吸引要素。基于乡村旅游的特殊性来说，乡村居民即是乡村旅游中一种特殊的吸引力要素，又是乡村资源的主要拥有者。因此，在乡村引力系统中，乡村居民就是利用资源创造乡村的吸引力的主体之一。

1.物质性吸引要素

物质要素是乡村资源中旅游者可以亲身观察到的具体事物，如自然景观、人文资源和基础设施等，具体包括自然资源要素中的山、水、湖、森林、农作物、建筑、服饰、农业设施及农村生活设施等有形物质。

（1）乡村自然景观与人文资源

乡村的自然风光是乡村旅游活动进行的基本载体，也是发展乡村旅游的物质基础。首先，乡村的自然风光具有其特色。相对于风景名胜区优美的自然景色，乡村景观具有与农业活动紧密结合、朴实、没有过多的人工痕迹等特点。乡村旅游所提供的是一种更加接近人们、接近生活的、没有距离感的自然空间。其次，不同的乡村地区依托于不同特色的自然资源，具有不同的民族、文化背景，因此，不同地域、不同民族、不同文化的乡村旅游地呈现出不同的乡村旅游自然资源特色，如草原牧区类乡村旅游地、水体类乡村旅游地、山林类乡村旅游地、平原农耕类乡村旅游地、地方民俗文化类乡村旅游地、异域文化类乡村旅游地等。因此，乡村自然资源主要的特色就是自然风光、农业活动、乡村居民三者的结合。

人文资源包括传统人文资源和现代人文资源。传统人文资源包括乡村的人脉、文脉，具体包括共同拥有的姓氏、传统风俗习惯、传统的建筑、传统的民间艺术、手工制作等；现代人文资源主要包括乡村地区、乡村居民在乡村发展演变的过程中创造的人文景观，如新农村建设等。在乡村旅游日益成熟的发展趋势中，乡村人文资源越来越受到旅游者的青睐，成为乡村旅游资源中一个独特的买点。

（2）乡村旅游设施

乡村旅游设施主要指在乡村旅游中直接利用和间接利用的生产和生活设施，即指乡村农业设施和乡村生活设施。乡村农业设施包括成为旅游资源的农业工具、现代化农业设备等；乡村生活设施包括作为旅游资源的生活用具、烹饪用具、乡间娱乐设施等。其他旅游形式的特色资源，譬如不同类型乡村的民居设施、娱乐设施、美食的制作都是乡村旅游资源中的重要组成部分，若缺少这些旅游设施，不能算是真正意义上的乡村旅游。

2. 非物质性吸引要素

非物质性资源主要包括乡村整体意境、农业文化、民俗风情等，如乡村旅游地的自然意境与生活意境，乡村地区的民俗节日、婚俗禁忌、趣事传说、民间歌舞、民俗风俗、节庆活动、生活方式、生产方式等。这些资源赋予了乡村深厚的文化底蕴，是乡村旅游资源中重要的吸引要素。从非物质性资源要素的内容上看，旅游者的感知和体验是非物质性资源要素得到价值体现的关键，同时，非物质性乡村旅游资源的开发与利用是乡村旅游开发中的一个重点与难题。

3.乡村居民

在引力系统中，乡村居民也是引力要素的重要组成部分，可以说是乡村资源中的"活的资源"，不可或缺。乡村居民将乡村各种吸引要素进行再创造，将资源吸引要素变成现实的旅游资源，开展乡村旅游的产品生产和为旅游地提供服务。因此，乡村居民的语言、行为习惯以及集体开发旅游的行为成为不可分割的引力要素。

（二）需求系统

我国乡村旅游的发展是在巨大的社会需求的拉动下发展起来的。乡村旅游正是在游客的"推力"下兴起和发展起来的。我国乡村旅游市场需求旺盛，发展潜力巨大，需求的高涨与我国经济发展紧密相关。我国工业化和城市化进程迅速，城市人口有了极大的增长，尤其是经济发达地区的城市化进程发展迅速。城市居民收入大幅度增加，生活水平提高，居民的旅游消费模式也在改变，旅游已然成了城市居民生活中的一个部分。城市生活的压力和对自然生态环境的疏远，使城市居民有暂时逃离单调、重复的城市生活的渴望。人们在旅游活动中渴望抛开快节奏的都市生活压力，走向自然、尽情放松自己。旅游活动能被反复地开展，支出较低，而乡村旅游又符合城市居民的需求愿望和需求的现实条件，满足了其释放压力、亲近自然、回归田园的需求，因而成为城市居民休闲度假旅游的一种经济和方便的选择。

对乡村旅游者的旅游需求进行具体的划分，主要可以分为客观需求和主观需求。其中，客观需求主要包括人们收入的提高、闲暇时间的增多、出游度假的时代潮流；主观需求主要包括回归自然的需求、求知的需求、怀旧的需求以及复合型需求。主观需求对于乡村旅游的强大需求起着更重要的推动作用，也使得乡村旅游在众多旅游方式中独树一帜，成为一种热门的、受旅游者喜爱的旅游方式。

1.回归自然的需求

随着城市化进程的加快，久居喧嚣城市的人们产生了对乡间自然风光和对乡村宁静生活的回归需求，向往"住农家屋、吃农家饭、干农家活、享农家乐"生活和意境的体验。同时，我国的城市化进程具有从农村向城市演变的特征，城市与农村的范围变化成一个反方向的发展趋势，城市范围越来越广。众多城市居民对于乡村具有共同的美好的想象，而这种想象和期望构成了乡村旅游的动机。同时，城市拥挤的居住空间和高速的工作环境与乡村地区的环境特点形成了巨大的差异，而差异对旅游者本身就构成了一种巨大的旅游愿望，加之双休日和长假的时间条件，就形成了从城市流向乡村的一种"反向旅游"。

2. 求知的需求

在乡村旅游的消费模式中，家庭出游是一种典型的特征，因此求知的需求成为旅游需求动力中的一个重要推动因素。城市少年儿童（包括一些成年人）普遍缺乏对农村、农事、农民的了解，而乡村旅游作为一种重要的修学旅游方式，受到学校、家长和学生的欢迎。城市少年儿童通过融入农家生活，体会到了传统农业劳动以及加深了对自然的认识，在乡村地区的自然山水中获得了游趣和学趣。对于城市居民而言，乡村旅游是一种高附加值的旅游体验。

3. 怀旧的需求

从我国乡村旅游的客源进行分析，各地乡村旅游的主要客源集中在 31~45 岁不等的一个细分市场，中年游客所占比例较高。这些旅游者中许多是来自农村或曾经有在农村生活的经历，而对乡村生活的一种怀念和记忆，成为其开展乡村旅游的一种强烈的需求动力。乡村旅游对于这些旅游者来说，怀旧的需求是旅游需求动机的主要构成。

4. 复合型需求

旅游者选择乡村旅游，往往动机是多样需求结合下的产物，其中包括对乡村自然风光的向往，与亲朋好友聚会、度假，身心调节的需要，对乡村美食或购买土特产品的需要等。乡村旅游的动机可能是其中几个或全部需求因素构成而产生的，因此，对于乡村旅游综合性的需求特点是乡村旅游的一大趋势。

（三）支持系统

乡村旅游支持系统即乡村旅游的环境背景，它是乡村社会、经济、文化与自然环境的统一。大环境对旅游吸引的营造具有很强的辅助作用，对乡村旅游产品的生产与供给具有推动或制约作用，同时对旅游决策行为和旅游活动质量产生深刻影响。支持系统的主体是政府部门。政府对于乡村旅游发展起着带头、规范、监督等作用。营造一个良好的乡村旅游的环境背景，是乡村旅游良性发展的基础条件，而政府的政策力和行政力可以使发展中的各利益主体得到有效沟通和合作。例如，创造乡村地区良好的生态环境，不仅提供旅游吸引物的存在环境，也是一种吸引要素。可以说，生态环境不仅自身是吸引物，也是乡村旅游发展的环境支持要素。

1. 硬环境

硬环境即影响乡村旅游发展的基础设施建设，如乡村整体面貌、环境和卫生、公共交通、公用设施和服务设施等。需要将乡村地区，譬如一个乡、村作为一个旅游的单位，从旅游规划的角度将乡村的建筑、道路、环境、人类活动等乡容乡貌作为一个整体进行旅游景观营造，从整体上为塑造完整的乡村意境的视觉形象提供必要支持条件，从而构成旅游吸引。在乡村旅游发展中，交通条件是制约旅游发展的重要因素，如道路的覆盖率、通畅、安全，以及合理、规范的停车场所等，在乡村旅游发展的支持系统中具有突出的地位，同时，对交通状况的科学管理在同等基础设施条件下尤显重要。

2. 软环境

（1）管理系统

科学的管理系统，包括协调顺畅的乡村旅游发展的管理体制，高素质的决策与经营管理机构或人才及其处理开发、保护、经营之间矛盾的能力，是保证乡村旅游与乡村社会、经济、文化、环境协调发展，营造乡村整体旅游吸引的重要条件。

（2）社会环境

鼓励乡村旅游发展的政策法规、良好的社会治安和交通秩序、乡村居民的文明行为和友好的态度等是乡村旅游吸引的社会环境支持。

（3）经济环境

鼓励流通的政策，公平、文明的商业规范，完善的服务体系，将促进流通市场的发育与成熟，构成乡村旅游吸引的经济环境。

（4）文化环境

乡村文化在作为旅游资源的同时，构成环境的重要部分。保存和发掘乡村文化，营造乡村旅游文化的内涵，营造乡村旅游独特的文化环境。同时，在乡村旅游发展中，新民风建设也是文化环境的一个新的构成内容。乡村居民热忱投入旅游事业，乐观、积极地与旅游者的交流行为，也是文化环境中必须重视的一个环节。

在支持系统中，政府是支持系统的主体，在系统内部起主导作用。在乡村旅游发展进程中，政府角色非常重要，从最初的基础设施建设，扶持部分村落发展乡村旅游的参与主体，逐步转变为制定整体规划、发展战略、行政管理等的监督管理角色，完成了政府角色转化的过程。

（四）中介系统

乡村旅游中介系统是一个联络乡村旅游产品和旅游消费的中间环节，在产品与市场之间的产品和信息流通发挥媒介的作用。乡村旅游中介系统由各种传媒、宣传品、旅行社以及旅游交通等要素构成，包括各种传媒为乡村旅游进行宣传以及制作各种宣传品，旅行社宣传乡村旅游地及参与组织旅游，交通部门联络旅游地和客源地之间的人员流动。另外，一些乡村旅游地成立的乡村旅游服务中心具有群众组织或行业组织性质，从功能上划分，也属于乡村旅游中介系统的一个部分。传统观念认为，散客旅游是乡村旅游的最重要的市场份额，而旅行社在其中并无所作为，其实不然，在信息沟通方面，单凭乡村旅游开发者和经营者的营销力量在现实发展情况中略显单薄，与中介系统内部的主体的合作可扩宽乡村旅游资源与客源市场的接触面，形成更多的合作机会和促使旅游者形成动机以及旅游行为的发生。

三、乡村旅游可持续发展动力系统演变

（一）萌芽阶段（1987—1994 年）

从全国范围来看，在乡村旅游的萌芽阶段，乡村旅游发展动力主要来自需求和供给两方面，而中介系统和支持系统在这一阶段尚未形成对乡村旅游发展的推动作用。最初的需求来自都市郊区的乡村民俗文化或良好的自然生态风光的吸引，以及农民提供的住宿、美食等。乡村旅游的供给主要利用已有的资源，提供的主要以旅游接待为主。因此，在这一阶段，乡村旅游发展的范围和规模都非常小，乡村旅游发展动力系统是缺失的。

（二）发展阶段（1995—2002 年）

经历了乡村旅游的萌芽阶段，乡村旅游渐渐成为一种新型的旅游方式，乡村旅游的发展成为一个被关注的焦点。乡村旅游逐渐在不同的乡村地区发展起来，但是由于是一种新型的旅游形式，许多地区对乡村旅游持观望态度，当地政府鼓励发展乡村旅游，但并没有在规范管理上形成较大的监管力度，而且中介系统对乡村旅游发展也没有发挥实质的作用。乡村旅游发展动力系统处于培养、尚不完整的状态。乡村旅游发展动力系统主要由引力、需求、扶持三个子系统构成，其中，中介系统尚处于缺失状态，引力系统的要素层中主要以乡村的自然景观和农业资源为主，具体旅游内容以乡村观光、蔬果采摘、乡村农庄度假等为主，吸引要素较为单一。

（三）规范阶段（2003 年至今）

在国家政策和各级政府对乡村旅游的大力扶持下，特别是在党和国家提出"建设社会主义新农村"的发展战略的背景下，为了更好地发挥旅游在建设社会主义新农村规划中的作用，国家旅游局将 2006 年全国旅游宣传主题定为"2006 中国乡村游"。乡村旅游已然成了全国范围内的一种旅游发展趋势，各地对乡村旅游进行了科学规划、开发、规范管理。乡村旅游为乡村地区带来了巨大的经济效应，乡村地区成为旅游热点地区。许多地区结合本地区资源和市场的需求纷纷开发乡村旅游地。乡村旅游发展处于规范发展的大趋势下，各地主管部门在开发、管理、监督等方面规范乡村旅游的发展。可持续发展成为乡村旅游的一个重要课题。这一阶段乡村旅游发展动力系统处于一个逐渐完善的阶段。因此，乡村旅游发展动力系统包括引力系统、需求系统、中介系统和支持系统，不同子系统下各利益主体代表对乡村旅游发展都形成了不同的推动作用，各子系统之间形成信息、服务、产品的流动，共同构成了乡村旅游发展动力系统。

第二节　乡村旅游可持续发展动力系统的驱动因子

一、驱动因子的构成

乡村旅游发展动力系统是乡村旅游发展各要素的协调互动程序。乡村旅游要持续健、康发展，首先要有持续的需求和持续的吸引，其次要有良好的大环境支持和积极主动的中介引导。培育一种良性的动力系统就是培育整体协调持续发展的活力。在系统内部，不同子系统之间存在物质和信息的流动，在相互作用中，不同的因子存在正极的促进作用和负极的抵消作用。引力系统、需求系统、中介系统、支持系统分别存在利益主体的代表，而农民、城镇居民、旅游企业、政府是构成各子系统的四个利益主体代表。本节的驱动因子主要从四个利益主体代表的发展动力作为切入点进行驱动因子构成及其相互作用的分析。

（一）引力系统驱动因子

引力系统驱动因子从农民的角度分析，主要包括基础设施改善的影响、旅游资源的本土性、对乡村文化资源的认知、增加经济收入的驱动、农村经济多元化的影响、政策对农民的鼓励、先锋农户的刺激。

改善了的基础设施条件，尤其是交通条件，使得农民对于本土性的资源具有了成为旅游的利用价值；早期参与的村落的开发得宜、先锋农户的刺激、政策的支持及本身对增加经济收入的驱动，使农民参与了乡村旅游的供给。同时，参与农户对旅游者需求有了进一步的认知，使农民对于农村与城市的文化差异这项旅游资源有了重新认识，并进行利用与营造。

（二）需求系统驱动因子

在需求系统中，驱动因子主要包括亲近自然的渴望、追寻乡村与城市的差异性、亲朋好友聚会的需求、城市居民收入的提高、闲暇时间制度的实现、休闲在生活中的重要地位等不同的驱动因子。乡村旅游源自人们对回归大自然的动机，而亲近自然成为乡村旅游者最主要的一个旅游目的。同时，乡村的生活、生产模式和城市存在较大的差异性，其差异性是建立在由乡村的人居环境、田园风光、生活方式、民俗风情和生产活动等城市所不具备的独特要素形成的乡村性特征之上的。城市生活环境与乡村生活环境所形成的巨大"压差"，对城市居民构成巨大的牵引力，使得旅游者暂时离开城市，体验不同的生活，形成了城市居民对乡村旅游的巨大需求。因此，建立在乡村独特的特性之上的城乡差异性是促使旅游者产生旅游动机的一个重要因素。同时，收入水平的提高使城市居民用于旅游休闲度假的支出增加；双休的假期制度客观上使人们无法开展长距离的旅行，因此，乡村地区就成为一个适合短暂停留、度假休闲的旅游目的地。

（三）中介系统驱动因子

中介系统的利益代表主要为旅行社，其驱动因子包括参与分配乡村旅游收益、市场需求日益增长的驱动、前景良好的利润空间、旅游产品的类型多样化需求。中介系统的主体参与乡村旅游发展的动力主要是乡村旅游存在巨大需求市场。随着市场需求的扩大，乡村旅游正从旅游市场的边缘走向国内旅游市场这个大舞台的中心，已然成为一种不可或缺的产品类型，显现出日益增加的盈利空间。在市场驱动下，乡村旅游的供给总量不断增加、供给效率不断提升、产业化和品牌化程度不断加深。乡村旅游需求方面的不断提高与供给方面的不断增长，也促使以旅行社为主体的旅游业积极参与乡村旅游产品的组合、包装、经营和促销，或直接与当地人合作，投资乡村旅游，通过乡村旅游的产业化发展来提高自身的营销效率和盈利水平。

（四）支持系统驱动因子

支持系统的利益代表主要指当地政府，其驱动因子主要有加快城乡一体化、缩减城乡差距，促进农村经济的增长、农村经济的多元化，促进农民生活小康化等驱动因子。乡村旅游作为一种重构乡村经济社会系统有着非常有效的作用。乡村旅游促进了农村地区产业结构的升级和多元化，为农民增加了第三产业的收入，并引发了旅游乘数效应，使乡村产业链延长，扩大了就业的机会，也使农业资源得到有效的利用。

二、驱动因子的地位

在乡村旅游发展动力系统中，引力系统、需求系统、中介系统、支持系统内部，主要包括起决定作用的驱动因子和起辅助作用的驱动因子两种类型。乡村旅游发展驱动因子由主导因子和辅助因子构成，主导因子是指在推动乡村旅游发展方面起主导作用的因子，是实现乡村旅游发展的动力源泉；辅助因子是对乡村旅游发展起辅助推动作用的因素，它们通过影响其他因子对旅游者的决策和旅游体验质量有较大的影响。

乡村旅游的主导因子并不是一成不变的，在不同发展阶段和时期，其主导因子和辅助因子之间可以发生转化。在乡村旅游发展初期和现阶段，以及在不同的乡村旅游地，主导因子和辅助因子都存在差异。

因此，厘清因子之间的关系和不同地位，对于解决乡村旅游发展中的矛盾起着关键作用。

在引力系统中，基础设施的改善、旅游资源的本土性、较高的经济收入、对乡村文化资源的认知都是现阶段乡村旅游形成"拉"的动力的主导因子。而农村经济多元化的趋势使村集体、农民纷纷打开发展思路，将眼光投向旅游开发和经营，甚至更多的相关行业之中。主管部门对乡村旅游发展的政策支持，导致乡村旅游经营的便利性，降低了开发和经营的成本，在经济影响上形成了一个良性循环，提高了乡村旅游地的地区平均经济水平。因此，在引力系统中，主导因子发挥了决定作用，辅助因子成为乡村旅游发展的必不可少的动力因素。

在需求系统中，经济收入和闲暇时间的增加、对乡村性的需求是主导因子。在乡村旅游的动机中，存在许多不同的动机，但是对乡村旅游客源市场的特征分析得出，乡村旅游是一种频繁、回游率高的休闲旅游活动，是反复"出现"的一种特殊生活模式。回游率高导致对旅游者的经济收入水平具有一定的要求。同时，相异于其他旅游点，乡村性是乡村旅游的独特买点，若缺少了对乡村性的需求，不可能形成旅游者高的回游率和普遍的中、高消费。

在中介系统中，市场需求日益增长的驱动是中介组织参与乡村旅游的主导因子。旅行社在乡村旅游中，主要涉及乡村旅游的住宿与餐饮，其次是提供乡村旅游专线产品，如蔬果采摘旅游产品、现代科技农业园观光产品、乡村民俗体验产品等。旅行社在追求利润空间的目标中，乡村旅游产品是一个新兴的旅游产品，存在较大的利润空间，同时，由于乡村旅游属于中短距的旅游，旅行社的成本可以得到有效控制。

在支持系统中，促进农村经济增长是乡村旅游支持系统的主导因子。乡村旅游的乘数效应导致旅游的发展为乡村地区经济带来强大的联动作用。经济增长使农民获得第三产业的收入，并逐渐成为农民重要的经济来源。

在乡村旅游发展动力系统中，各子系统利益主体的驱动因子如表5-1所示。

表5-1　乡村旅游各子系统利益主体发展驱动因子

乡村旅游动力系统因子构成	引力系统	主导因子	基础设施改善的影响
			旅游资源的本土性
			对乡村文化资源的认知
			良好的经济效益
		辅助因子	农村经济多元化的影响
			政策对农民的鼓励
			先锋农户的刺激
			早期参与的村落开发得宜影响
	需求系统	主导因子	收入的增加
			闲暇时间的增多
			对乡村性的需求
		辅助因子	亲近自然的渴望
			亲朋好友聚会的需求
			休闲在生活中的重要地位

续 表

乡村旅游动力系统因子构成	中介系统	主导因子	市场需求日益增长的驱动
		辅助因子	参与分配乡村旅游收益
			前景良好的利润空间
			旅游产品的类型多样化需求
	支持系统	主导因子	促进农村经济的增长
		辅助因子	加快城乡一体化、缩减城乡差距
			农村经济的多元化
			加速农民生活小康化

三、驱动因子间作用模式

(一)发展驱动因子间的相互作用

在乡村旅游动力系统中，不同子系统的驱动因子具有不同的功能，在各子系统间的不同驱动因子存在互相因果和互相联系的关系。

在各驱动因子之间，基础设施的建设和改善成为一个基本的因子要素。道路、水、电等基础设施的建设可改善乡村的可达性、旅游经营的便利性，使乡村的自然资源可以转化为旅游资源，使农民开发旅游、参与供给存在了最基本的支撑力，进而使得旅游者需求的满足具备了基础条件，而中介系统也可以发挥其本身的功用。

在需求系统内部，各驱动因子构成了城市居民对乡村旅游的巨大需求。在需求转化为现实购买力的过程中，政府的支持使乡村地区整体对旅游持有乐观的态度，形成良好的接待氛围，而中介组织开展的产品组合和宣传使两者的信息得到沟通。因此，政府的支持和中介组织的工作是需求与供给之间不可或缺的驱动因子。

需求系统中城市的休闲传统也直接影响乡村旅游供给的规模。以长江三角洲区域来说，上海作为时尚之都，强大的消费能力和休闲传统都使其成为重要的客源市场；江苏、浙江一带经济发展居全国领先水平，居民的消费能力强，同时休闲氛围浓厚；杭州的茶馆数量众多、文化氛围优越，使城市休闲在居民生活中占据越来越重要的地位，不亚于号称"茶都"的成都，居民出游休闲是一种普遍需求。另外，休假制度也影响乡村旅游的供给。自 1995 年我国实行每周五天工作制，实行每年端午节、清明节、中秋节、国庆节和春节等长假以来，利用周末和长假休闲旅游已成为都市人的消费时尚，为乡村旅游的发展起到推波助澜的作用。

（二）各子系统下驱动因子的作用模型

乡村旅游发展动力系统下的各驱动因子的相互作用，从系统学角度分析，不同的驱动因子之间的作用只有促进乡村旅游的整体发展，产生持续的供给和持续的需求，使各利益主体的利益都得以满足，才能使动力系统维持有效的运动及效能。因此，在需求系统和供给系统之间，支持系统的驱动因子发挥了重要作用，中介系统的作用也使需求与供给之间增加产品、信息流通的渠道。本节在分析各子系统之间驱动因子的相互关系、相互作用后，构建了驱动因子作用模型（见图5-1）。模型主要从四个子系统中的主导因子的驱动出发，通过利益主体不同的驱动因子之间的相互作用的期望结果（乡村旅游得以发展、各利益主体的利益得到满足）的实现，构成了乡村旅游发展动力系统的各利益主体的发展动力，从而使发展动力系统维持其效能，在乡村旅游发展中发挥作用。

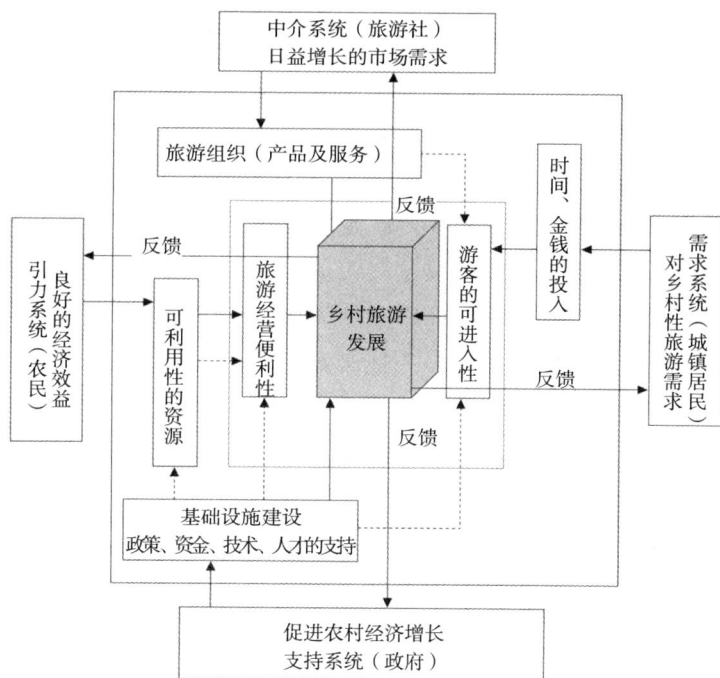

图5-1　乡村旅游发展动力系统驱动因子作用模型

注：整个作用模型图分成三层，最外层代表物质、能量等输入和作用的反馈；中间层是代表不同驱动因子之间的作用，用虚线条表示；核心层代表动力系统作用的结果。箭头方向分别代表输入与输出，其中虚线箭头表示各动力因子之间的相互影响。

第三节　乡村旅游可持续发展动力系统整体优化

一、系统优化设计的理论分析

乡村旅游可持续发展的关键是保持各系统要素之间的平衡的能量流动。从系统的整体性来看，因子之间存在促进和抵消两种相互作用的方式。因此，因子之间存在对立统一的关系，在乡村旅游可持续发展中，应该在因子相互摩擦中不断寻找解决矛盾的方法。系统优化设计则是在分析、总结矛盾产生的原因基础之上，采取各种途径和方法，克服系统内部因子之间不协调的现象，促使相互作用的因子呈现良性互动发展，最终达到乡村旅游可持续发展的目标。

在乡村旅游发展中，乡村旅游可持续发展以及乡村社区获得利益是动力系统优化分析的基本指导理论，因此，在系统优化分析中，运用可持续发展理论及利益相关者理论，采取操作性强的系统优化策略，保证乡村旅游可持续发展及保障乡村社区的整体利益。

乡村旅游可持续发展理论是乡村旅游发展基本指导原则。乡村旅游可持续发展即在乡村旅游资源得以可持续发展的基础上，保证乡村旅游发展的利益最大限度地留在当地，使乡村旅游地的农民、社区获得旅游开发的利益，并秉承旅游资源可持续开发的原则，不损坏各代人享有乡村资源的利益，并在这些前提下，进一步促进乡村旅游的发展。

利益相关者理论在乡村旅游发展中也发挥着重要作用。在乡村旅游的开发中，涉及不同的利益主体，而利益主体各自追求自身的利益最大化。在乡村旅游行为中，并非所有的利益主体都从旅游活动中获得利益，而且不同利益主体获利的多少也是不同的。在乡村旅游发展中，如果忽略利益主体之间的合作、协调，就可能造成利益主体的权利失衡和矛盾冲突。

二、系统优化设计的主要策略

乡村旅游可持续发展动力系统优化的首要思路必须保持乡村旅游的乡村性的独特卖点；同时，在管理与经营中引进科学的商业化运作模式，在管理与经营中做到"内外有别"，区分前后台，在对外经营与内部管理之间设置一个适度的"屏障"。乡村旅游可持续发展动力系统舞台化的优化设计，即通过对景观资源进行合理的布置，使旅游者充分接触乡村旅游的吸引要素，同时，采用科学的商业性运作模式，满足有效管理的客观需要。

（一）前台吸引要素的建立与维持

生产、生活、生态三位一体的乡土性休闲空间和场景是核心竞争力之所在，是乡村旅游的核心和独特卖点。面向城市客源市场的乡村旅游开发的关键是乡土化，而保持与城市旅游供给的互补性和差异性是乡村旅游开发的基本原则，因此应当充分利用当地的乡土元素，保持乡村旅游资源的乡土性和原真性，营造乡村意象。不同风格的乡村旅游地应尽量利用本身的资源优势，如建筑、植被、农业形态等。

（二）后台管理要素的引入与确立

乡村旅游的进一步发展需要科学的管理经营。在保持乡村性的前提下，规范化、现代化的管理应该在后台进行再加工，在乡村基础设施、游客设施、卫生状况、舒适程度等方面强调管理效用。舞台化的设计使后台管理要素潜在地进入旅游产品的生产中，如商业模式的管理、营销提高乡村旅游产品供给水平，加大了宣传力度，扩大了监督的力量，无疑也提高了旅游产品供给的质量。

三、以利益为核心的共生化策略

在乡村旅游发展中，不同的利益主体都追求自身利益的最大化，不考虑利益的相关性原则，这就会导致乡村旅游发展的不协调，直接影响各利益主体的受益水平。因此，激发农民维护旅游经营本土性的积极性，并使他们在旅游发展中受益，一个重要手段就是保持产业链的本地化和经营者的共生化。产业化规模的扩大与效用存在一个前提，即社区居民受益是否也随之增大，否则，乡村旅游将无法维持正常的生产供应。

（一）产业链本地化

产业链本地化，即在满足游客吃、住、行、游、购、娱等需求中尽可能利用本地原材料和人力资源，以旅游业为龙头优化配置相关产业，在本地生产和销售产品，形成完整的产业链，实现最大限度地当地参与，使旅游收益最大限度地留在本地，有效安置当地居民的就业；同时，要通过政策的倾斜与扶持，加大对当地农民的技能培训、业务指导和金融支持等，提高乡村旅游产业化发展所需要的各种要素在当地的自供能力。产业链的本地化能最有效地通过乡村旅游的发展达到农村经济增长、经济多元化的目标，同时可以让乡村旅游收入的非均质分布得到缓解，维护乡村社区社会的稳定。

（二）经营者共生化

产业化的发展需要在资金、技术、人才、客源等方面与外来经营者合作，但是对外来要素必须进行科学引导和规范，在规划制订、项目设计、利益分配等方面应充分照顾当地农民的福利，为农民创造更多的参与机会，因此，在处理农户与外来经营者的关系问题上，要坚持"经营者共生化，形成共生经济关系"。其中一种是分工共生，在乡村旅游市场中各司其职、互相依存，共同促进乡村旅游可持续发展；另一种是合作共生，外来经营者与农户、农户联合企业等合作开发乡村旅游，利益共享。

（三）产业共生化

在乡村旅游可持续发展中，经济收益是农户参与乡村旅游的一个主要驱动力，而旅游的季节性也影响着乡村旅游地的开发收益和农户的经营收益。除采取有效的针对性营销措施克服季节性的巨大消极影响之外，旅游发展中经营者保持多样化生产经营也是一种有效可行的方法。例如，保持"经营者的两栖性"，农户除经营乡村旅游外，还可以将土地生产作为其经济收入的组成部分，同时，在规模较大的乡村旅游企业，可以实行"农旅结合"的开发模式，保障企业的整体经济效益，如浙江诸暨乡村旅游企业在土特产的品牌开发、农产品的经营方面采用的是"农旅结合"的发展模式，通过发展旅游提高了农产品的品牌知名度、扩大了销路。另外，农产品的生产经营也弥补了旅游的季节性缺陷。

四、以集体为核心的组织化协调发展

乡村旅游同样具有市场性的特点，存在市场失灵的现象，与农村小康化的目标存在背道而驰的缺陷。市场性缺陷使乡村地区农户的贫富差距加大。因此在乡村旅游可持续发展中，政府主管部门应该设立有效的组织来削弱市场失灵造成的不利影响，把帮助村民广泛参与作为乡村旅游工作的重要内容，通过组建乡村旅游协会、农村旅游合作社等组织，将分散的农村劳力组织起来，并通过科学的规划、合理的制度安排等给予扶持与引导，培育农村劳力群体的发展机会和发展能力，建立公平的利益分配机制，使乡村旅游不仅能带动乡村整体上的发展，还使当地绝大多数农民在乡村旅游可持续发展中获得利益。

（一）客源组织化

在市场规律的前提下，管理部门或行业组织可以在客源中进行组织化管理，引导客源的分流，适度采用客源分流机制，如安吉县的农家乐服务中心，可以削弱市场性带来的利益失衡导致的贫富差距的增大。又如，农民个体经营的农家乐之间相互推荐无法接待的游客，增大旅游地实际的接待容量。

（二）参与组织化

在乡村旅游可持续发展中，乡村社区的居民由于各种因素的限制，其参与旅游发展的能力是有限的。在参与的类型中，村集体或协会组织应该在集体内部进行组织化管理，因人因户制宜的管理扶持与不同程度的参与，如参与发展决策、参与经营管理、参与旅游服务、参与分配利益等。

第六章　乡村旅游可持续发展的创新路径研究

乡村旅游在各级政府、企业及乡村居民的参与和努力下，在过去的时间里，在解决"三农"问题、拓展农业产业链条、缩小城乡差距、改善农村生活等方面发挥了巨大的作用。但面对乡村振兴的艰巨任务，如何促使乡村旅游从"点式旅游"朝着"全域旅游"的方向转变，使乡村旅游在促进社会发展、文化进步、经济繁荣、生活改善方面保持持续的动力，进而发挥更大的作用，需要树立乡村旅游可持续发展的创新思维，并在创新思维下探索乡村旅游可持续发展的创新路径。本章以乡村振兴的要求为立足点，结合全域旅游的发展思想，从产业、生态、人文、科技、制度五个方面探讨乡村旅游发展的创新路径。

第一节　乡村旅游与产业融合

产业融合指不同产业或同一产业不同行业相互渗透、相互交叉，最终融合为一体，逐步形成新产业的动态发展过程。[1]产业融合可分为产业渗透、产业交叉和产业重组三种类型。产业发展是乡村全面发展的基础，而产业融合是产业发展的现实选择。乡村有着丰富的农业资源，因而发展乡村旅游能够实现"一产""三产"的融合发展。在全域旅游思想的指导下，通过乡村旅游的发展促进产业之间的深度融合，不仅有助于乡村振兴，而且能够反向促进乡村旅游的可持续发展。

---

[1] 罗月江.互联网产业与传统零售业产业融合度测算及影响因素分析[D].广州:华南理工大学,2014.

一、农业与旅游的融合

（一）农旅融合

农业是国民经济中的一个重要产业部门，主要是利用土地资源进行生产的产业部门，按照产业类别划分，属于第一产业。广义的农业包含范围比较广泛，主要包括种植业、渔业、林业、畜牧业及对这些行业产品进行小规模加工或制作的副业。

农旅融合是基于产业融合的概念衍生出来的一种新兴产业。总体来说，它是以第一产业——农业为基础，通过旅游这一途径实现农业和旅游业共同发展的现代观光农业。具体来说，它是以农业生产模式、农民生活方式和农村生态为要素，以自然资源和地域文化为载体，为消费者提供休闲、观光、体验等服务的旅游经营活动。农旅融合是农业与旅游产业相互交叉、渗透形成的一种旅游发展的新业态和新型消费方式，它将农业资源和农业生产运用到游客体验服务上来，扩宽了农业和旅游业的产业范围，具有二者的共同属性。农旅融合除了农业的季节性和地域特征，以及旅游的休闲和市场特征之外，还具有一些独有的特征。农旅融合涵盖了农业、林业、牧业和渔业等多个行业，融入娱乐、观光、休闲体验等多种功能。发展休闲农业和乡村旅游不仅能为经营者带来可观的经济收益，也有效缓解了农村剩余劳动力转移和留守儿童的抚养教育等问题，实现了经济和社会的双重效益，同时为休闲旅游者提供了回到乡村休闲娱乐、放松身心的机会，从而满足城市居民的休闲需求。

随着消费市场的转型升级，乡村旅游从观光逐渐朝着融观赏、考察、学习、体验、娱乐、购物和度假于一体的综合性方向发展。在乡村振兴的发展背景下，进一步促进农业与旅游业的深度融合发展是十分必要的。

（二）农业与旅游融合的形态

1.种植业＋旅游

种植业是农业生产的重要组成部分，是通过栽培各种农作物及取得植物性产品的农业生产部门。种植业是乡村农业发展的重要组成部分。农业经济作物的种植、生长过程为乡村提供了独特的农业风光，而这正是发展农业观光旅游的重要资源。同时，城镇化的进程使得农事活动成为城镇居民的主要体验活动，如中小学生可以到农村体验农事活动。

2.特色花卉＋旅游

花卉作为特色农业，随着旅游业的发展成为花卉旅游，比较具有代表性的就是河南鄢陵。近年的农家乐迅速发展起来，鄢陵以独特的花卉优势占据一席之地。它有着鲜明特色的旅游资源，也是发展农家乐旅游形式的前提条件，河南虽然有多处知名农家乐，但多以山水为依托，如焦作云台山农家乐，也有以民俗为主，如郑州惠济农家乐，而鄢陵则以特色花木为依托，依托得天独厚的地理位置，便利的交通形成的较强的可进入性，发展成集花卉观光、休闲及采摘为一体的特色农家乐。游客可以吃、住在农家院，还可以体验农事活动，在花海中欣赏花卉的姿态，在农园中品尝果实的甘甜，农家与花乡风情融合为一体，在周边城市独树一帜，形成鲜明的特色旅游区。同时，河南省旅游开发的重点"三点一线"——洛阳、郑州、开封和黄河旅游线，和鄢陵县相距不远，旅游信息、客源、交通、旅游人才等向鄢陵县的辐射和扩散，带动了鄢陵旅游业的发展。这样优势的条件为鄢陵农家乐的开发提供了良好的条件。同时，政府也对农家乐的开发提供了政策上的支持，鼓励农民积极参与其中，加大建设基础设施力度。随着休闲时代的到来，回归自然的休闲体验旅游将成为国内外旅游的新趋势。[①]

整合转化花卉农家乐，挖掘花卉文化内涵，提高产品档次。一个旅游产品要立足于市场，就要确定发展目标，满足旅游者需求才可以保证市场客源维持发展。鄢陵农家乐开发出重点特色项目以提高档次，满足人们悦心、悦志的要求，比如，在花乡农家乐中开发娱乐项目，如花茶、花卉烹饪餐、干花制作等工艺作坊；在采摘农家乐中开发如樱桃、大枣采摘比赛等，还可利用当地温泉开展温泉疗养，利用古玩交易市场挖掘古玩文化等。

利用花卉季相特征开发旅游产品。鄢陵以樱桃和蜡梅为主要花卉观赏，五一樱桃、冬季蜡梅，可以利用这两种植物种植再配以夏季与秋季的观赏花卉果木，避免接待设施闲置。又如，种植桃树，可在春游时赏桃花，初夏时进行桃果采摘；种植桂花，在秋天时可游赏桂花等项目。以不同季节变换营造各种景观，形成特色产品，避免淡旺季的分明，减少旅游接待设施的闲置。

花卉文化结合参与式旅游，可加强游客旅游的感受。旅游者选择乡村，不是为了低廉的消费，而是在寻找曾经失落的净化空间和尚存的传统文化氛围，他们参加农业劳动不是追求物质享受，而是精神享受。[②]可以根据农家乐的目标定位开发具有花卉文化内涵的项目，重视花卉文化与参与式旅游的结合，增加娱乐项目，突出果实的采摘、烹饪花卉餐饮等体验功能活动，让游客在动手

---

① 刘绍山."互动式农家乐"旅游研究[D].合肥：合肥工业大学，2006.

② 曾武英，范巍.采摘观光旅游开发之探析[J].江西财经大学学报，2005（6）：108-110，119.

中体会花卉文化的内涵，增加旅游的感受。可以延长游玩时间，开展餐饮、住宿服务以提高旅游的收入。

（三）农业与旅游融合造成的社会经济变化

1.农业、旅游产品及服务的变化

第一，随着现代农业技术的不断推广，农产品规模的扩大使其产量不断提高，但是信息与沟通不畅就出现了产品滞销的现象，而现代农业旅游的目的就是融合现代农业与旅游业，让城市居民融入乡村，把城市产品信息带进来，把农村产品带出去，在采购农村产品时兼顾了解农产品的生产加工过程，同时将这些农业的信息带入城市之中。

第二，农产品的生产和成品都是旅游农业的关键性产品，它的质量提升也是重中之重。只有高质量的农产品，才会出现高质量的农业旅游体验。

第三，开发现代农业生态旅游产品，将餐饮、采摘、休闲娱乐集于一身，形成以农村风貌为主的新型农业旅游产品，以达到整合资源、丰富产品、形成优势特色产业的目的。

2.城市发展布局的变化

农业和旅游的融合驱动了城市发展布局的变化。产业融合常常选在城郊接合地，而此时城乡一体化让城郊接合区变成了重要的支撑地，尤其是在特大城市负荷发展的状态下，为了缓解交通和土地的紧张氛围，城郊区的发展是主要的趋势。过去的城郊区没有完备的配套设施，交通状况也未得到较好的解决。此时，卫星城出现了，它有着独立的特性，建立在大型城市周边，有着完善的公共设施和住宅。现代农业旅游产业丰富了卫星城的形态，城市产业和田园可容纳大量人口的流入并解决就业问题，让城市实现自给自足。第一、二、三产业的融合让区域形成了多样化发展局面。卫星城的特征就是协作生产、提升设施水平、增强独立性，最终达到生活、工作平衡态势。所以，现代农业旅游将与城市建设结合，改变当前城市发展的布局。

3.社会经济发展状态的变化

农业与旅游的融合最终会带来社会经济发展状态的一系列变化。现代社会经济关键要素就是有机农业、生态旅游和低碳生活，而把这些要素集合在一起的农业旅游将在几个层面带动社会经济的发展：对于旅游业来说，可以提升其经济收入，城郊区与卫星城的农业旅游区会有大量的城市人口被引入，在田园进行体验和休憩，而原生态的农业旅游会激励区域旅游相继发展并增加经济收入；对于相关产业来说，也会带动它们相继发展，专业化与分工体系是现代农

业旅游的核心所在，现代农业与旅游元素在产业价值链中有着重要的作用，而与农业、旅游业相关的产业将发挥融合作用，它们的融合与整合共同形成竞争力；对区域范围来说，会促进其发展，农业与旅游属于绿色经济范畴，大部分的区域不具备工业发展的条件，它们具有丰富的旅游资源和发达的农业，而这些将是农业旅游发展的优势和特色，对区域经济起到促进作用；对于区域文化来说，也将会促进其繁荣发展，旅游业会带来较多的文化让其进行交流，城市化的改造会提升教育的本质和公共设施资源，而农业旅游会提升当地居民的素质和增长其见识，形成区域文化的繁荣发展。

总之，现代农业转型的重要路径之一就是农业和旅游的融合发展，也是旅游多元化发展的必然选择。

（四）农业与乡村旅游融合路径

1.创新完善农业现代化与乡村旅游融合发展体制机制，强化配套政策

理顺农业与乡村旅游二者间深度融合的体制机制，是实现农业现代化与乡村旅游高层次、深领域融合和良性互动的根本保障。创新完善体制机制，应强化统一规划意识，健全第三产业和第一产业行政主管的协调机制，建立衔接机制，破除条块管理和传统僵化管理体制。在完善融合发展中，还应健全与完善相关管理体制，注重利益驱动机制。强化配套政策，重视资金与财政支持，加大资金投入以解决乡村旅游发展中基础设施建设落后的问题；加大资金投入可以解决乡村旅游和农业产业融合中缺乏统一规划和科学指导的问题，以实现二者深度融合所需的资金保障，进而实现农业与乡村旅游互动可持续的发展。

2.探索创新融合模式

乡村旅游与农业现代化深度融合属于全新的农旅项目，是新农村建设中拉动经济快速增长的重要引擎，其发展空间与潜力较大。乡村旅游与农村现代化融合具有重要的社会经济效益，在融合中应注重模式的创新，以发挥更好的作用，拉动经济的发展。在实践中，二者融合模式的选择应以因地制宜、实事求是为原则，从当地经济发展需求出发探索新方法、新模式，例如，休闲农场模式、农业园区模式、农业休闲观光旅游模式及家庭农场模式等。

3.发展现代农业，培育生态消费观念

我国有着丰富的乡村旅游资源，因而在与农业现代化融合中应重视培育生态、文化的乡村旅游观念，特别是融合产品和项目方面的创新，更应突出特色农业生产的地位，改变过分突出与重视资源发展的消费观。培育生态旅游消

费观念，改变传统粗放式发展模式与理念，满足人们多元化、个性化旅游的需求，促进农业现代化与产业结构的优化和调整。

总之，在对乡村旅游与农业现代化融合的探索中，虽然积累了丰富的经验，但仍有诸多问题，因此要实现二者真正的深度融合，就要全面审视在二者融合中存在的问题，分析问题成因。实现乡村旅游与农业现代化深度的融合应全盘考量，完善体制机制，强化配套政策，探索新的融合模式，发展现代农业生产，培育生态旅游观念，以优化升级产业结构，实现乡村社会快速、良好发展。

二、乡村生态旅游与生态养殖特色农业的融合

（一）生态养殖特色农业与乡村旅游融合的优势

生态养殖特色农业是以养殖为基础，以农业生态建设为特色的经营模式。与同样依托自然条件发展的生态旅游相比，它有更显著的经济效益。随着时代的发展与变迁，农业和旅游间的关联日趋显现，生态养殖特色农业功能突出，不仅可以改善生态环境质量，提供给人们多重现实的功能，还让生态农业和观光旅游结合得更协调。尤其是在城市化加快和竞争日益激烈的社会背景之下，现代社会人群更加渴望能在优美的环境中回归自然、返璞归真，这成了社会阶层的共同诉求之一。[①]

农村生态养殖区比较壮观，空气也清新，先进养殖工艺与生产结合，吸引着各地游客群体。随着社会群体收入的提高、闲暇时间的增多，生态养殖特色农业与乡村旅游融合变得更加强烈。开发利用农业资源、创造生态产品，既能协调农业发展、拓展空间、维护生态，又能扩大乡村游乐功能、开辟发展领域、繁荣农村经济，另外，也能形成以旅促农、以农兴旅、农旅互动的新格局，形成农村长远的发展方式。

而当前，农村发展中生态养殖特色农业与乡村旅游融合正逢其时，既为现代农业发展的特征，又是经济增长的动力。生态养殖特色农业符合国家政策。随着农业产业化水平的不断提高，生态养殖场可以有效促进资源循环利用，通过生物技术、生态循环技术、产品深加工技术、食物链技术、人工组装技术等，实现生产无公害的标准养殖，满足人们追求天然、无污染、无公害的安全

---

① 吴爱丽 . 河北省休闲农业与乡村旅游的发展模式研究 [J]. 生态经济（学术版），2012（1）：236-238.

绿色生态产品需求。对乡村旅游来说，可利用生态养殖产品发展各种餐饮、休闲等项目，展现生态养殖的魅力，为旅游者奉上视觉、味觉的双重盛宴。同时，乡村旅游又可以有效消化生态养殖特色农业的系列产品，减少了损耗，节省了大量运输、销售等所需费用，为养殖农业增加了产品销路，实现了经济效益的最大化。[①]

（二）生态养殖特色农业与乡村旅游良性互动和融合

1. 加强协同规划与统一布局

生态养殖特色农业与乡村旅游之间没有天然的鸿沟，完全可以通过合理的协作来推动二者的交互。[②]基于此，生态养殖特色农业，一方面向集中、精良、特色转变，提高产品技术含量与附加值，也让社会群体增加探究与好奇心理；另一方面，向新、奇、特的方向拓展，更好地把握与调动市场消费。对当前生态养殖与乡村旅游来说，要打破生态养殖特色农业与乡村旅游的规划与管理格局，集中合力营造优势，这就需要对二者融合发展做全面评估，收集并归纳数据信息，然后协同规划与统一布局，了解二者融合发展的分工配比，探索其切入点，整合农业旅游资源优势，让生态养殖特色农业利用乡村旅游提高产品知名度，打开养殖产品销路占据市场；对乡村旅游来说，要利用生态养殖特色农业推出能够满足游客心理的产品和服务，借鉴成功经验，打造不同的观光体验与旅游感受。二者只有融合互动共识，打通交互关系，才能协同规划、共享资源、优势互补。

2. 做好政府引导与政策扶持

将生态养殖和乡村旅游融合，是一项艰巨的工程，单凭一方投资、利用是无法在短期内实现发展目标的，应有政府支持。生态养殖特色农业与乡村旅游融合发展，是生产要素的重组与转移的过程。首要问题就是资源与资金的整合，而当前财政压力大，要建立相应机构做好政府引导与政策扶持。首先，相关地方政府部门需要在政策上提供支持，制定关于生态养殖特色农业与乡村旅游融合发展的优惠政策和产业管理政策，逐步完善在财政、税收、信贷、保险等方面的扶持政策，为招商引资、合伙参股创设有利的前提条件；其次，发挥国家宏观调控作用，优化农业资源配置，调整基础设施与相关土

---

① 胡明琦，魏琴.贵州省低碳生态旅游发展驱动机制的构建——以贵州省为例 [J].农业经济，2014（10）：31-33.

② 郑生权.小城镇、乡镇企业、农业产业化三者互动发展研究 [M].北京：中国言实出版社，2008：131.

地政策，加强农业、交通、建设、土地部门的协作，指导、协调、管理生态养殖特色农业和乡村旅游的整合发展；最后，成立生态养殖特色农业与乡村旅游整合发展小组，由专业人员进行监察，做好服务质量、经营模式、环保的管理与监督，以"良性互动、融合共赢"为目标，让融合发展出成效，带动群众科学开发、保护环境，让生态养殖特色农业与乡村旅游融合发展得更高效、更协调。

3.构建技术创新体系

我国农产品的特色和优势就是价格合理、质量出众，保障着经济的持续发展，特别是绿色生态农产品在市场一直占有较高的地位，而环境清洁、观赏体验独特是乡村旅游的一大优势。随着农业技术的更新，物美价廉、环保清洁已不再是农产品的重要吸引力，因此应有自主知识产权、核心技术工艺较新的产品，利用科技改善环境。这需要地方主管部门与农业产业管理者联合推行自主研发生产、开辟多元化生态养殖产品线等发展策略，利用优惠政策与法规制度鼓励农村生态养殖业、生态旅游业创新，并对自主创新给予奖励鼓励，让二者交互，促进生态养殖产业和乡村观光产业融合得更高效。从农业与旅游长期稳定协作关系上分析，技术创新体系是融合发展的动力与支撑。随着信息技术与市场需求的发展与变化，二者融合也要不断研发新技术、新产品，而技术创新是二者融合发展的永恒主题，因此要构建技术创新体制和机制，提高产品质量与档次，走经济与生态结合的发展道路，拓展生态养殖特色农业的各项功能，引导传统经营向专业、集约、旅游相结合靠拢。技术创新是保持乡村旅游吸引力与提高竞争力，要不断地创新技术、产品、服务、制度与管理，让生态养殖特色农业与乡村旅游融合发展紧跟市场需求，推动二者更高、更深层次地融合发展。

三、农村文化创意产业与乡村旅游的融合发展路径

（一）淡化产业边缘，实现灵活融合

乡村旅游重要的特征就是产业边缘淡化、边界不强，这为乡村旅游和文化创意产业的融合发展提供了基础保障。在推动乡村旅游可持续发展中，可考虑产业化其边缘以实现乡村旅游灵活的产业融合发展模式。此外，文化创意与乡村旅游融合发展并非无限度持久融合，只有针对各发展阶段灵活地融合发展，才会达到想要的效果。

（二）提高科技水平，实现便捷融合

运用现代高新技术，能让产业间融合得更加方便、快捷。提高科技水平，产业的融合就增加了发展机会。而技术的提高能够改善产业的竞争优势，提高竞争力。对于乡村旅游来说，依托先进的技术可以开发新产品，将其延伸后获得新业态，可以很好地改变产业路线、丰富产业形式，让乡村旅游融合发展获得延伸。所以，只有科技水平提高了，才能让农村文化创意产业与乡村旅游更好地融合发展。

（三）放松管制，完善跨界治理

由于乡村旅游是一个民生性产业，政府应放松产业管制，因为宽松的产业发展环境才能够吸引人才向乡村旅游地区流动，资金向乡村旅游地区汇集，科技向乡村旅游地区投入，完善资源要素，做好提供给产业融合的条件。[1]产业融合中会造成规则制订、分配制度、资源配置等的不均，所以在融合中应尽可能完善跨界治理机制，要确保各集团的协调，实现联动发展，以集团目标为主，选择合适的管理模式，实现科学、有效配置。这可以从三个方面落实：第一，建立更高层次的管理部门进行统一指导，如成立指导委员会，让资源统一部署或调动，以提升产品质量；第二，创建奖惩机制，激发利益集团的参与观，实现利益的规范与平衡，按照发展所需而采取激励政策，可设立市场产品营销、开发和人才引进等多方面的基金；第三，建立有效监督机制，利用完善的法规制度约束与监督相关利益主体的行为。

（四）凭借乡村文化旅游产业园区，实现多元化融合

乡村文化旅游产业园区是依托人文遗存与生态文化资源打造的旅游景区或景点。乡村文化旅游产业园区有自己的典型优势、良好的产业融合氛围、雄厚的制度保障，也有艺术、文化创作素材，让产业聚集，形成乡村文化旅游价值体系，加速了融合发展和文化特色的培育，打造乡村旅游文化品牌。[2]乡村文化旅游产业园区由文化与乡村旅游融合发展而来，在同类或相关产品生产的基础上分享市场，用相近的销售渠道、方式借鉴科学技术与理念共享资源，实现多元产业融合发展新态势。

（五）加强协作，强化政策引导

游客需求日益变化，而且乡村旅游产业边界越来越模糊，所以乡村旅游产

---

① 刘琳．我国旅游产业融合的障碍因素及其竞争力提升策略研究 [J].环渤海经济瞭望，2021（3）：39-41.

② 施永红．产业融合理论视角下长三角文化产业发展研究 [D].上海：上海师范大学，2010.

业融合发展呈现多种模式，可以与众多产业融合发展，包括休闲、文化创意、科技、生态、信息、养生等产业，因此，乡村旅游产业融合应关注多产业发展动态，加强合作与互补，发现并研究创新融合的路径，关注游客需求变化，以市场需求为导向，打破产业分离思维定式，打开产业融合思路与观念，推进产业融合新产品和新服务。在融合中，政策十分必要，如文化和旅游部、国家文物局、国家广播电视总局、国家体育总局有关乡村旅游和文化创意方面的政策，具体地可以从编制规划、制定原则与标准、评选示范基地等方面做努力，给乡村旅游产业融合政策、资金、环境等方面提供帮助。

第二节 乡村旅游与生态建设

一、生态文明建设与乡村旅游

（一）生态文明建设

生态文明指"人类在适应与改造环境的实践中创造的人与自然持续共生的物质生产和消费方式、社会组织和管理体制、伦理道德和社会风尚以及资源开发和环境影响方式的总和"。[①]生态文明建设符合当今社会环境的建设需要，也是社会发展的要求。对于工业文明来说，生态文明建设是新形态，是人与自然和谐统一的重要体现。它以环保为指导，以可持续发展的模式，以公证制度为保障，并与绿色科技结合在一起，实现人文、生态协调共生。生态文明理念的提出，须提高人们的生态意识，也说明了生态环境的严峻形势。在 21 世纪，生态文明建设是大趋势，要求人们对人与自然的关系要有一个正确的处理方式，以保护好经济与生态环境之间的和谐关系。

（二）乡村旅游与乡村旅游生态化

"乡村旅游不是旅游业的新业态，而是在新的历史条件下为适应时代发展的需要，被赋予了新的功能。"[②]随着乡村旅游的不断发展，关于其理论研究也

---

① 王立国，胡明文，钟海燕，等.基于乡村旅游的生态文明建设途径探讨[J].安徽农业科学，2008（28）：12400-12401，12404.

② 郑耀星，刘国平，张菲菲.基于生态文明视角对福建乡村旅游转型升级的思考[J].广东农业科学，2013，40（7）：211-214，222.

变得越加细致。学术界没有统一的界定，但学者们普遍认同的是乡村旅游是以乡村空间环境、乡村特色生态资源、乡村特色文化为吸引物开发的多种类型的特色旅游活动。乡村旅游虽强调生态特性并以此为特色，但在建设中也受很多因素制约，造成乡村旅游开发背离生态性的原则。有些乡村旅游在开发的同时对生态造成破坏，让自然失去平衡。在旅游时主客体对环保意识的缺乏也对环境造成破坏，所以要以生态文明为理念进行乡村旅游的研究，让乡村精神在实践中得到体现。正是这样的指导与应用，产生了生态的概念。而乡村旅游生态化是以旅游活动来满足旅游者休闲、回归自然的需求，其特点是：第一，凸显专业特征。生态化的乡村旅游有着专业性的特点，是生态环保的需要。它由发展与困境来决定转型方向，更体现出精神内涵。第二，强调环境保护功能。生态化指明乡村旅游未来发展思路，以传统为基础增加环保的参与，提升其规格。第三，教育作用。乡村旅游生态化强调教育功能，通过对游客的生态教育，提高其对环保的意识。应注重环保、资源利用、经济与环境协调发展，让乡村旅游可持续发展。

（三）生态建设与乡村旅游的关系

生态文明建设和乡村旅游发展是相辅相成的关系。生态文明理念是指导乡村旅游可持续发展的原则，而乡村旅游开发和利用也在对生态文明理念做宣传工作，推动了生态文明建设的示范性作用。

1. 生态文明理念指导乡村旅游的可持续发展

生态文明建设的意义是合理利用资源，以获得社会生态的平衡。乡村旅游与生态文明的融合，是让乡村旅游与经济和生态长远而平衡地发展下去。

第一，乡村旅游在全面的发展过程中，应以生态文明理念进行指导，其基础是人文与自然环境资源，它和生态环境关系密切。生态文明要求人们有生态文明观，以此来支撑乡村旅游的发展。随着环境资源负担的不断加重，建设生态文明已无法拖延。生态文明可以缓解旅游开发所产生的污染、生态的破坏和经济发展需求的矛盾，并提供支撑与指导。只有以生态文明理念为指导，才会保证乡村旅游长久的发展和未来的建设。

第二，乡村旅游发展依赖生态文明制度的约束。"生态文明理念可以转化为生态规范和立法进而上升为生态制度。"①生态文明制度对于人们的行为进行

---

① 刘思华.社会主义生态文明理论研究的创新与发展——警惕"三个薄弱"与"五化"问题[J].毛泽东邓小平理论研究，2014（2）：8-10，91.

制约，而在制度规范下人们会有好的生态习惯，慢慢形成自觉的生态行为。在乡村旅游活动中有许多的主客体，因此管理者们要有较高的环保意识，同时也要求游客应该具备自觉的环保意识。生态文明建设具有教化功能，它可以教化人们增强环保意识，在自觉的行为下对生态加以关注和保护。

第三，生态文明科技是乡村旅游发展的全新动力。新时期的生态文明，提出新的内容，强调现代科技的应用。生态环保也要结合现代科技和力量，运用新工具、新手段，并投入乡村旅游发展中，在保护环境的同时合理开发乡村旅游资源，促进其良好运行，以加速生态化转型。

2.乡村旅游是生态文明发展的有效途径

第一，乡村旅游所独具的特点是适合生态文明的发展。乡村旅游虽然规模不大，却结合了当地民俗文化。来到乡村旅游目的地旅游的人一般都是在城市中居住的人，而他们进行旅游活动的目的是亲近自然、体验乡土文化。乡村旅游正是秉承这一特点，缓解都市人们的生活压力，放松乡村旅游心情。另外，其也可以减少对环境造成的污染，实质上它是生态经济发展模式。乡村旅游的发展依赖于良好的生态环境，所以在乡村旅游发展前，需要对乡村旅游目的地的生态环境进行规划，在乡村旅游发展过程中，又需要注重对乡村生态环境的保护。同时，乡村旅游能够让旅游者体验当地的绿色旅游风尚，体验生态文明带来的好处，促使他们不断增强生态文明意识。从这些层面来说，乡村旅游是生态文明发展的有效途径。

第二，乡村旅游所开发出的具有乡村特色的产品，可以为生态文明理论提供传播的平台。乡村旅游让生态文明建设得以展示，它利用自然生态景观与原汁原味的乡土风情，向人们展示最淳朴、最自然的生态生活。在旅游中感受自然，正是这些产品的出现让人们看到了生态文明的内涵。利用乡村旅游绿色生态景观的独特之美，吸引游客感受旅游的情趣，进而接受生态文明的传播，获得生态旅游的丰厚硕果。

二、乡村旅游生态转型路径

（一）以生态文明促进法律与制度建设的生态化

要促进乡村旅游生态转型，第一，要建立定量生态标准，发展生态理论。乡村旅游生态转型需要生态理论做指导，而生态理论也在时代下被赋予新内容。第二，完善生态指标，为乡村旅游生态发展提供依据。第三，完善法律体系。法律法规是乡村旅游可持续发展的保护者，也是生态文明建设落实的途径之一，因此应推进乡村旅游法律法规体制的建设，制定行业标准与等级评定，促使乡村旅游的开发者和经营者在开发和经营过程中遵守生态文明方面的相关制度要求。第四，加强有效监管。政府政策一般都较合理，但有时会在执行环节出现一些需要解决的问题，因此，应建立监督机构，为乡村旅游管理与工作者提供相关指导，并发挥监督作用。监督机构的设立要遵循公平、开放原则，发现不符合标准的信息就要及时进行处理，提升乡村旅游的项目质量。

（二）以生态文明建设推进意识教育的生态化

第一，注入生态服务理念。乡村旅游正在一步步扩大规模，而旅游者也越来越要求提升服务质量。景区服务质量的好与坏，对游客关于乡村旅游的认可度有着极大的关系。此时生态转型是发展的必然，它所提供给游客服务的满意程度取决于管理者与工作者的服务意识与经营理念。人的行为源自思想意识，因此，乡村旅游生态化就需要生态文明意识来支撑。只有人人都能明白生态文明建设的重要性与生态教育的功能，才会实现乡村旅游更好的教育生态化。第二，把旅游和生态服务有机结合。乡村旅游生态教育功能要与服务结合才能发挥出其功效，让旅游者体验自然景观、生态教育。第三，提升乡村旅游功能，发挥乡村性。对乡村旅游发展中的相关人员，应该加强培训和指导，实现工作人员素质的有效提高；提升群众生态环保技能，在发展乡村生态旅游时除遵守环保外，也要做到有效治理，减少生态破坏，提高治理效率。

（三）以生态文明推进特色旅游生态化

第一，运用生态技术，培育生态旅游业。现代乡村生态要转型就要以科技作为依托，降低生产投入的成本，提高旅游所带来的经济效益。乡村旅游的最终目的就是促进生态保护，经济繁荣发展。生态技术是乡村旅游转型最重要的推动力量。因而要以生态技术研发环保产品，如太阳能发电等。第二，从乡村环境中发掘乡土与文化资源，从而研发出创意产品。乡村旅游转型也是人文和环境的融合，因为乡村旅游发展就需要对人文资源价值进行深度的挖掘，从不断挖掘与创作中发现更多新的旅游产品形式。开发"一村一品""一村一景"，不断推进以人为本和以生态为本的有机结合，彰显乡村旅游的生态内涵和绿色韵味。①第三，将生态特色变成旅游经济优势。乡村旅游能够满足新农村建

---

① 刘运，杨光.新型城镇化下我国乡村旅游的生态化转型探讨[J].今日财富，2018（19）：66.

设的要求，带动经济全面发展。乡村旅游生态转型就是要让生态与经济协调发展，因此就要把文化、景观、生态文明与科技结合起来。开发新的旅游体验产品，以满足日益增长的市场需求，把乡村旅游产业链继续延伸。

总之，生态文明理念是乡村旅游内涵的体现，生态文明建设提供给乡村旅游发展的机遇，乡村旅游生态转型也是生态文明建设的主要途径。要解决乡村旅游如今的困境，就要坚持生态文明指导，走绿色生态化的新路子，提高全民生态意识，完善规范标准，创新特色旅游，让乡村旅游与生态文明建设共同协调、有序地发展。

三、乡村生态旅游创新发展的有效路径

（一）宏观层面

1. 加强政企合作

乡村生态旅游有较广泛的影响范围，关系到当地经济建设和生活质量，具有带动性和联系性，因此，政府部门对此应高度重视，并发挥自身引导和指挥作用，为生态旅游建设和发展提供保障。总之，政府成立工作小组，提供科学规划与指导，按照当地情况，制定乡村生态旅游政策，加强基础设施建设，加大推广力度，创造条件拓展资金源，注重管理人员的培训，提高从业人员综合素养和能力，增强乡村生态旅游管理水平。

企业在乡村生态发展、优化就业趋势、改善经济结构上有着关键性的力量。因此，管理人员应掌握市场，了解游客消费心理，以提高企业管理水平，探索当地文化与民风，进行产品设计，推进多样化的发展。另外，企业一边追求经济最大化，一边要重视对环境的保护，总体分析生态系统的负荷，合理开发，无污染发展，以人们生活生态为前提，科学开发和利用土地。

2. 重视平衡性发展

乡村生态旅游发展可以实现新农村建设、生态平衡发生、农业进步，在发展过程中起着指导作用，对此，要从改善"三农"、转变城乡结构出发，打造乡村生态旅游，切实掌握市场形态，加强农业产业调整，解决农村就业难的问题，提高村民生活质量，加强城乡互动，实现全面、和谐、统一的社会经济效益。

3. 以城市带动乡村

政府应制定引导城市旅游和乡村旅游合作的相关政策，让它们共同进步、协同发展，但要注意确保双方利益的最大化。城市旅游有资金和广泛又固定

的客源，并有良好的口碑，因此，乡村旅游应与其合作。例如，乡村旅游与旅行社合作，进行生态短途旅行，以此提升知名度；与城市旅游进行合作，共同开发产品，共产供销，不断增加效益。政府方面可以制定优惠政策，把城市旅游吸引过来投资开发，以城市条件来推广生态旅游，提升知名度，打造特色品牌，深化城乡旅游联系，以城市带动乡村，实现共赢。

（二）微观层面

1.突出乡村特色

由于城市生活节奏快，乡村慢生活的舒适、安逸受到城市居民的喜爱，生态旅游备受青睐。传统的农家乐式乡村旅游无鲜明的特色，无法满足游客的需求，而只有突出特色，拥有自主品牌的旅游项目，才能在市场上拥有更大的竞争力，占有市场。乡村生态旅游产品的开发和设计，要打破思维模式，重点是当地的特色，明确自身优势，设计出新颖别致且具有纪念意义的旅游产品。

2.加强基础建设

交通是乡村生态旅游建设的重点问题，也是主要因素，因此，有关部门应加大力度对交通方面的基础设施进行投资，完善交通网络；对乡村生态旅游地区临近的主干路要增加班车，在旅游高峰时期，特设城乡之间便利的公交，让游客出行顺畅；对于那些比较偏远的乡村景区可以设立二级干线或村内公路，增加基础设施，如临时休息区、加油站等。

3.重视培训管理

村民在乡村生态旅游中处于重要地位，代表着乡村面貌，因而他们素养的提高非常重要。应加强从业人员职业培训管理，提升文化与服务质量。不断加深村民、建设有关人员、管理层对人与自然和谐统一关系的更深层的认识，在利用生态资源中，要强化自身环保意识，履行维护生态平衡的义务和责任，严格要求自己，维系美好家园，进而促进社会、自然、经济与环境的和谐发展。

第三节　乡村旅游与人文发展

一、乡村旅游与乡土文化的保护

我国农耕文明历史悠久。在历史进程中形成的传统村落成为传统农耕文明的载体，而其中蕴含的乡村文化更是农耕文明的灵魂。这两者关系密切并融为一体。对于传统村落和乡村文化的保护，常称其为传统村落文化保护，以强调传统村落和乡村文化保护的一体与融合发展。

（一）传统村落与乡村文化

我国的传统村落也叫作古村落。在 2012 年由住房和城乡建设部等四部委联合成立的传统村落保护和发展专家委员会将"古村落"改为"传统村落"。传统村落是形成较早的村落，有着传统文化与丰厚的乡土积淀，代表着古代农业文明和古人文环境理念，是有着历史与文化价值的村落。它是农耕文明的遗存，是古代生产、生活的充分体现。传统村落有着丰富的乡村文化，是我国民族传统文化的根基，承载着民族文化的精神内涵，凸显传统村落的重要价值。传统村落作为乡村文化的代表，文化积淀丰厚，成为复兴传统文化的依托。如今全民共同关注着传统村落文化的保护。

（二）传统村落文化的保护意义

传统村落在农耕时代慢慢形成，承载着国人的历史记忆，有着重要的历史意义和现实价值。其价值体现在以下几个方面。

（1）传统村落有文化传承价值。数千年农耕文明发展史中形成的传统村落，有着丰富的传统乡村文化，而其承载着的民族精神，是民族发展的基石和养分，也是历史文化传承的主要内容。

（2）传统村落可以增加民族凝聚力，是民族精神的依托。传统农村通过家庭连接，村落成为文化传承的载体，它把民族的各个阶段衔接起来。天然村落的文化与追求凝聚着极强的民族力量，是我国社会发展的精神动力。传统村落也成为当代走向城市农民的重要精神依托，更是海外华人、华侨的重要文化记忆。

（3）当代农村的发展可以借鉴传统村落，并有着重要的意义。传统村落中人与自然融洽相处的生态发展观，是古人的智慧所在，也是民族和谐、包容的价值观的代表，提供给当代农村生态发展与乡村建设借鉴功能。

（4）传统村落中的乡村文化，对农村秩序的维护和居民行为的规范有着重要意义。古代社会的生产、生活因环境而受限，而家庭文化的建立，对村落稳定、村民关系、生产秩序等方面的发展都有很大的作用，是如今农村治理可借鉴的最好方法。

（5）认同传统村落乡村文化可以激发居民文化自信，是推动乡村建设的原动力。传统村落所培养的文化信仰，是当代精神文明建设的重要支撑。二元城乡的到来，造成乡村文化的危机。但不论村落变迁还是发展，关于乡村文化记忆始终都是农村发展的精神力量，是激发居民奋发建设现代化新农村的精神力量。

（三）基于乡村旅游发展的活化保护

传统村落文化保护是农村整体建构，它是文化生态工程，而非简单地保护古建筑或扶持一种手工艺或培养非物质文化传承人便可实现的。虽然这些举措必不可少，但要让传统村落拥有生命力，就要与乡村文化共生，打造和培育传统乡村文化，共建生态环境，在传统村落中形成生态文化场所，从而创新和发展。旅游文化消费与游客乡村生态文化消费都是对乡村文化复兴的一种刺激，有着牵引的作用，让乡村旅游文化推动传统村落与乡土文化的重生。

1. 乡村旅游产业化

社会发展进步的同时会淘汰一些旧文化，将新文化显现出来，这是自然规律，也是人类进步的表现。当然传统村落和乡村文化也不例外，都要经历发展与变迁。我国农耕时代漫长，具有典型的农耕文明特征，它的表现形式和内容都与传统农业生产、生活相关联。随着人类的发展与进步，现代农业取代了传统农耕形式，尤其是城市作为人类活动的中心。由于农村生产、生活发生变化，传统村落和乡村文化的去向成为社会讨论与思考的话题。我们认为虽然现代农业的生产方式发生了重大变革，农业技术取得了重大进步，但并未改变其农业经济的本质，传统村落与乡村文化延续、传承与发展的基础依然存在。[①]随着新时代的到来，传统村落和乡村文化要解除束缚，离开城乡文化的阴影，自我发展，利用自身优势提高条件，这是传统村落和乡村文化得以保护的重要之处。北京大学吴必虎教授认为，传统村落要保留传统文化，不是一味地、被动地保存或者是原封不动地保存，传统村落要活化，要实现传统要素和现代功能的有机结合。[②]但现实中，可以借鉴城市发展成果，加强基础设施和服务建设，让农村更便利、更有时代性，实现现代化，让乡村变得更加美好，才会让传统村落和乡村文化发展变成现实。但城市功能融入农村生活，带给村民现代化享受的同时，要注重传统村落和乡村文化中优秀文化的保持和遗存，尤其是文化内涵和精神风貌的保持。

旅游业是可利用的手段，能把城镇现代化功能结合于传统村落与乡村文化

---

① 陈修岭.山东传统村落城镇化建设研究[J].山东青年政治学院学报，2016，32（1）：16-19.

② 郝帅帅.基于乡村旅游的传统村落保护与活化[J].现代经济信息，2018（13）：431.

之中，让旅游业与它们的结合变成可能。旅游的开展当然离不开社区的城镇化。乡村旅游不是让游客脱离城市，而是让他们在短期内回归农村体验传统生活，把传统乡村的文化记忆找寻回来。而农村现代化一直是村民所追求的生活方式，因此也可以对传统村落文化进行保护，让旅游推动与引领农村持续发展。

2. 旅游与乡村文化的结合

在新时代的引领下，传统村落和乡村文化慢慢走向了衰败，城市取代了乡村，但这并不代表传统村落与乡村文化就失去了发展的空间。由于我国是农业大国，农村人口众多，乡村文化依然是现代文化建构的重要内容。新时代的乡村要不受城市的影响做回自己，在城市中汲取营养再回归到现实理性之中。宜居乡村需要农业现代化作为基础，让经济持续发展，提升整体发展力，提高人们的生活水平，带动乡村复兴，让农村变得更富有魅力，让美丽乡村的梦想实现。

在我国，乡村旅游发展越来越快、越来越好，而此时传统村落与乡村文化是最好且最重要的资源依托，有大量的游客被吸引到农村参与旅游活动，因此，旅游成了农村经济发展最重要的推动力量。而传统村落和乡村文化保护是其发展的要求，乡村旅游的目的就是让人们回归乡村，追寻乡村文化与农事体验。所以，只有保护好传统村落与乡村文化才可以保证乡村旅游顺利地开展。在此情形下，被保存好的传统村落迎来了发展机遇，村民懂得了家中房子与老物件的价值所在，是经济收益的来源，同时也让村民对这些文化遗产提高了保护意识。所以说，旅游是这些文化的保护推力。乡村旅游中的文化展演就是传统文化宣传的教育形式，让村民认识到文化的意义与价值，从而能参与对其的保护之中。同时，在文化展演中，村民所具备的文化习得会相互传递。这一形式既契合时代，又传播文化，有利于形成新乡村的文化风尚，因此会诞生新的传统精神乡村文化。

3. 乡村文化的认同和现代化进程

当前，乡村旅游是保护乡村文化的有力手段，能够提升村民文化认同感。在发展中，生态文化是人们最青睐的，他们喜欢农村文化生活，且兴趣极高，因此，乡土生活变成游客追逐的对象，保持乡土文化是关键。在这一过程中，农村居民通过乡村文化的习得与展演，增加了对传统乡村文化精神的认知，可以收获文化自信与自豪，强化身份认同，这为传统村落与乡村文化的保护与发展提供了重要的内源性动力。[①]农村社会与主体只要适时、适度，规划合理，

① 陈修岭.旅游、文化变迁与文化认同[M].北京：中国社会科学出版社，2018：142-156.

强调旅游发展，重视文化功能，发展旅游业，就能保护传统村落和乡村文化，也能增加村民对传统村落保护的热情。旅游为农村提供保护的条件，为传承文化提供动力。所以，旅游业为传统村落建设和文化传承提供新的路径。

针对乡土文化与传统村落的保护情况，提醒人们发展乡村旅游时对于传统村落的开发须谨慎，应以复兴乡村文化为初衷，形成历史责任感。旅游业的发展使文化从实用、自娱向着审美跃迁[①]，这样既能对乡村文化加以保护和传承，又能通过文化传播将其发扬光大。传统村落建设与乡村文化传承的关键是要恢复乡村记忆，重新建构农村居民适应于现代农业生产、生活的思维方式、生活习惯及价值观念，而恰当的旅游发展模式可以推进乡村记忆的重构，为乡村文化的保护与传承及乡村文化认同的重建提供动力。因此，传统村落和乡村旅游有着密切的关联，二者组合成了乡村旅游产品，挖掘传统乡村文化是旅游发展的手段。反之，传统乡村文化有着不可替代性特征，也让它成为最具自身特色的资源，在发展中得到保护。

二、乡村旅游与乡风文明建设

2013 年 12 月，中央城镇化工作会议对城镇建设提出要求，包括"让居民望得见山，看得见水，记得住乡愁"。城镇化进程并非以乡村荒芜为代价，乡村发展要与城镇化共同进行。经济快速发展加快了城镇化的进程，居民的旅游形成多样化。旅游经验的完善，闲暇时间受到限制，近距离乡村旅游有了增长趋势。在 2016 年时，全国旅游工作会议提出旅游从"景点旅游"转向"全域旅游"。2017 年政府工作报告中又明确要"完善旅游设施与服务，大力发展乡村、休闲、全域旅游"。这些政策对乡村旅游发展提出了要求，要改变发展模式，以全域旅游来发展乡村休闲旅游，让居民参与发展，让旅游者感受到乡村和人文风情。下面以内蒙古自治区乌海市海南区乡村旅游发展中的乡风民俗为例加以分析。

（一）海南区乡村旅游发展中乡风文明建设现状

近年来，海南区以培育和践行社会主义核心价值观为根本，围绕美丽乡村建设，通过建设文化广场、开展文化活动、培育文明乡风等一系列措施，激活乡村文化，走出了一条具有地域特色、符合人民群众利益、服从服务于经济社会发展的农区乡风文明建设之路。一幅"村民富、村庄美、村风好"的乡土画

---

① 魏美仙.文化生态：民族文化传承研究的一个视角[J].学术探索，2002（4）：106-109.

卷正徐徐展开，一股引领发展的文明新风正拂面而来。

1.营造环境之美为乡村文明增"质"

从海南城区乘车，一路向南，途经渡口、万亩滩、一棵树、羊路井等村，不同风格的农宅呈现着不同的乡村风味，让每次路经这里的人们都禁不住感叹，海南区的乡村真是大变样了，村民的房屋变漂亮了，硬化路通到村民家门口，绿树绕村"走"，文化广场上健身器械一应俱全，村里环境整洁多了……

海南区坚持把建设美丽乡村作为深化乡风文明建设的重要载体，把改善农区人居环境作为提升乡风文明建设水平的突破口，以"科学规划布局美、创业增收生活美、村容整洁环境美、乡风文明素质美、管理民主和谐美"和"宜业宜居宜游"为出发点和落脚点，做好乡村规划建设、基础设施建设、村容环境整治，从根本上改变农区居民生产与生活条件。

按照美丽乡村建设目标，海南区按照梯度有序、开放互通的城乡空间结构进行规划建设，并大力实施了村屯绿化美化工程，还根据实际建设了一批特色村组，为下一步发展乡村游打下基础。海南农区已实现文化活动场所、危房改造及院落整治、农区自来水饮用、村村道路硬化等全面覆盖。

为了让环境美丽，让村民住得舒心，海南区大力实施"三清、三改、三化"农区环境综合整治行动，集中治理垃圾乱放、柴草乱垛、禽畜乱养、污水乱泼、粪便乱堆等"五乱"现象，乡村人居环境明显得到改善，并为各村聘用了专门的保洁员，解决了一直以来农区没有保洁员、街巷垃圾没人清扫的"难题"；同时，将"爱护环境卫生"写入村规民约，以农区居民卫生意识的大提升来推动农区环境卫生的大改变，解决了长期以来农区居民乱堆、乱放、乱倒的顽疾，村民的生活卫生习惯发生明显改变。

每年夏秋之时，赛汗乌素村都会迎来不少城里来看美景的游客。他们吃着地里新摘的蔬菜、瓜果，品尝着农家自养的鸡和猪、羊肉，再到葡萄园中采摘些珠圆玉润的葡萄，享受着乡村休闲游的乐趣。

海南区依托各村村位优势和乡村优美的自然环境，大力发展农家乐、观光农业、休闲旅游、生态景观等休闲旅游业，通过观光农业开发让农业活起来，通过休闲旅游带动农家乐培育让农民富起来，向着建设"宜居、宜业、宜游"美丽乡村的目标迈进。

2.营造人文之美为乡村文明塑"魂"

"美丽乡村建设改善了村民的居住、出行等生活条件，还统一规划了院墙，将村民临街院墙当画布，让'文化'上墙，不仅达到了美观的目的，还起到了宣传政策、传播文化的作用。不错，真不错！"万亩滩村村民蔺秀莲为美丽乡村建设点赞。

如今走在海南区的乡村，一幅幅绘在墙上的画十分抢眼，有介绍村规民约、倡导邻里和睦的，有传播中华传统美德、引导未成年人健康成长的，有宣传社会主义核心价值观、加强公民道德素质教育和推进精神文明建设的……说起"文化墙"，村民们都竖起大拇指。"文化墙"上的宣传内容和绘画直观易懂、寓教于乐，深受村民喜爱，不仅收到了良好的宣传、教育和鼓舞效果，而且为乡村增添了色彩。

为把农区建设得更加美丽、宜居，海南区把"墙壁文化"作为传播社会正能量的有效载体，以图文并茂、易于理解接受的形式，将"文化墙"建设成农区居民喜爱的政策明白墙、文化传承墙、美德教育墙、环境美化墙，并通过"文化墙"向农区居民传递新的观念和意识，倡导文明新风尚，营造乡村文明之风，使"文化墙"成为美丽乡村的一道亮丽风景线。

绘制"文化墙"只是海南区推进农区文化建设的一角。海南区立足于反躬寻觅乡土的根脉，组织开展以农区居民为主角的"草根"演出和"闹元宵"等文化活动，并深入开展文化、科技、卫生"三下乡"和"送文化下基层"活动，不断满足人民群众的文化需求。此外，海南区还把"送文化"与"种文化"结合起来，派出专业辅导员下乡为村民教授舞蹈和唱歌，为丰富农区居民的业余文化生活助力。

3. 营造风尚之美为乡村文明提"神"

文明风尚是农区精神文明建设的根本所在。海南区把培育和践行社会主义核心价值观贯穿于农区文明乡风建设全过程和各个方面，将"文明种子"遍播农区大地。

着眼农区居民生产、生活特点，海南区从良好行为习惯养成和价值观念普及入手，培育文明、和谐的乡风、民风，深入开展"文明海南"主题教育实践活动，通过举办道德大讲堂、"我们的节日"，以及"最美家庭""孝老爱亲先进""最美庭院"评比等活动，把中国符号嵌入人心，深入推进"四德"教育，引导人们修身律己、崇德向善、礼让宽容，自觉践行社会主义核心价值观，培育崇德向善、诚信友善的民风。同时，各村还结合实际制定了《村民文明公约》等村规民约和自治章程，通过村民喜闻乐见的形式广为宣传，使村民在潜移默化中陶冶了情操、提高了素质。

在"民星效应"的感染中，在"最美典型"的引领下，海南农区正向着村美、水美、人更美的美丽乡村目标大步前行。

（二）构建乡村旅游文明乡风培育机制

建设海南区国际旅游岛，应有多重旅游要素协同发展。乡村旅游在海南区旅游发展中是不可或缺的部分，除科学规划外，要在乡村建设硬环境，加强软环境，即文明的旅游环境。只有构建文明乡风、打造文明氛围，才能让乡村旅游更有吸引力。

1.公共治理和传统礼俗结合，实现现代化乡村治理

传统乡村是礼俗社会，对伦理规矩特别重视；而现代社会却更加重视契约精神。当前，我国乡村的状态并未发生改变，而规矩即"礼"仍是乡村秩序的准则。但因城市文化的影响，文明乡风的培育只依托传统道德是不能实现的，要以乡村治理机制为保障，从公共治理中找到方向，实现现代化治理，让文明乡风的培育拥有制度的保障。

完善乡村治理制度，约束居民的陈规陋习，弘扬文明乡风，调节家庭矛盾，让村民学习文化、改变传统观念、提高综合素质、参与乡村建设，并使其成为建设的主体。有序的文明乡风，是吸引游客的重要因素。

2.加强乡村文化建设

在当前游客中，城市居民占较多数。发展乡村旅游就是让资源变成吸引的力量。在城镇化中，城市文化碾压着乡村文化。因对城市生活的向往，村民会模仿城市中的生活，摒弃传统习俗，城市和乡村呈现同化趋势，这是对乡村旅游致命的打击。乡村旅游吸引人的地方就是与城市的差异，若失去差异就失去了吸引游客的能力。

农业自然经济相对闭塞，各地都有自己的本地文化，如海南黎苗文化、妈祖文化、洗夫人文化、宗祠文化等，都根植于乡村，没有乡村，它就失去了生命。各地组织力量挖掘本地文化，将它们融入乡村建设中，制定文化建设方案，打造节庆活动，让本土文化"活"起来、融入村民的生活中，让它焕发新活力。在乡村文化中，文明乡风是其中的一员，也是重要的组成部分。只有乡村文化得到发展，才会建设成文明乡风的良好环境。

3.构建立体式礼仪教育

人们对风气的认知：第一，行为规则方面的认知，包括个人形象、社交礼仪、环境卫生、风俗习惯等，这些都是直接感知；第二，当地社会精神风貌与人内心的幸福感，这是深层次感知。这些都是组成目的形象的因素，都有各自的吸引力量。海南区乡村旅游发展要将这两个方面加以改善，而提升吸引力的

当务之急就必须从行为规则入手，进行礼仪教育。人有内、外两部分的礼仪素养，即外在的行为素质、内在的综合文化素养。古人讲"诚于中而形于外，慧于心而秀于言"寓意也正在此。内在综合素养需要长期的提升才能实现，而外在行为素养则不需要较长时间。

乡村旅游包括村民的生产、生活，村民主体能让游客感知旅游吸引物。对城市来说，海南区乡村发展落后，乡村居民大部分都缺乏文化熏陶，不管是个人形象还是人际交往都缺少规范的约束。因此，要建立礼仪教育机制，进行教育。第一，通过对乡村现代化治理和文化建设，增强村民学习意识，变成自发学习。第二，以家庭为主开展青少年礼仪教育。我国教育理论就是"幼儿养性，童蒙养正，少年养志"，乡村居民文明礼仪要从孩童时期抓起，在生活中建立行为准则，让孩子受教终生。第三，学校教育。在学校课程中纳入礼仪教育，突出教育效果。第四，社会教育。在生活中锻炼交往能力，学习礼仪，尤其是乡村节庆活动最能加强礼仪教育的实践性。

4.发掘和培育乡贤文化

在古代乡村治理中，乡贤文化作用重大。封建社会官方未深入乡村进行统治，乡村治理只有乡贤连接着村民和行政单位。当时的乡贤在乡村中有着较大的话语权和地位。乡贤指传统乡绅中有文化、有贤德和担当的人，也指贤达人士。乡贤文化包括古代遗留的传说、文献、文物和热爱乡土文化的精神，也包含现代乡村对乡贤精神的继承。这些精神在历史乡村治理中有着重要的作用，在当今乡村中也有价值。发掘和培育乡贤文化，利用乡贤协调乡村秩序，培育乡村文化的发展力，促进文明乡风建设，推动乡村旅游的发展。

三、乡土文化传承下乡村旅游的可持续发展路径

乡土文化和乡村旅游，二者的发展是相互促进的，只有两者进行充分互动，才能实现乡村振兴。但乡村要产生吸引力，无论是对内部村民来说，还是对外来投资者、旅游者来说，文化是最根本的要素。乡村旅游可持续发展的意义：一方面，带动当地文化的持续发展；另一方面，乡村旅游是推进城乡一体化建设的动力。在乡村旅游发展中，乡土文化得到了传承才能让乡村旅游持续发展。所以要发展乡村旅游，就要深入挖掘乡村文化内涵，赋予乡村灵魂，通过文化促进乡村的复兴与繁荣。挖掘当地独特的文化内涵，首先要挖掘村民原汁原味的生产、生活方式。村庄的历史、民俗当中，都蕴藏着乡村独有的历史文化积淀，这些同样是乡村旅游的"富矿"。其次，将乡村旅游与特色

文化相结合，有助于打造出更丰富的旅游产品，进一步拓展旅游发展空间。近年来，各地围绕乡村文化做文章，取得了明显成效。例如，天津市宝坻区通过挖掘地方渔业、非物质文化遗产等文化资源，形成40余个特色鲜明的旅游村，推动当地旅游红红火火地发展；浙江省杭州市淳安县宋村乡依托山水景观和渔家文化，带动了当地精品民宿和集沙滩嬉水、自助烧烤、农事体验、民俗摄影采风于一体的特色旅游发展。最后，留住乡村之"魂"，赋予乡村更多的文化内涵，才能赋予乡村旅游更多魅力。具体来说，可以从以下几个方面入手。

（一）发掘乡土民情，弘扬乡土文化

乡土文化如何渗透于乡村旅游之中，已成为当前的重要问题。应以当地特色文化为指导方针，突出乡土气息，并在开发中得以展现。乡村饮食风俗、婚俗民情、节日庆典等活动都有着丰厚的乡土色彩，而这些资源对乡村旅游可持续发展有着巨大的推力。例如，"七夕"是人们举办婚俗礼仪的最佳时间，也是对传统婚俗的深化，以此吸引大量旅游者，并弘扬乡土文化。

（二）重视乡土文化开发和保护

政府要以特色文化为铺垫，结合科学发展理念，制订乡土文化开发策略，结合对当地乡土文化资源的评估和调查，将传统乡土文化融入总规划中；此外，要脱离城市的影响，以当地发展为目的，以乡土文化显示出乡村旅游的性质。

（三）村民应重视乡土文化的重要性

乡土文化作为乡村旅游的灵魂，在乡村旅游中有着独一无二的作用。广大村民对乡土文化资源没有高度的认识，保护意识较低，让很多地区乡村旅游文化资源遭到破坏。因此，第一，村民应借助乡村旅游的发展来提升当地知名度，同时增加自己的优越感，重新认识乡土文化的意义；第二，按现代媒介宣传，以村民为主进行乡土文化的普及，促进村民提供体验活动。村民是乡土文化的创造者，也是保护者。村民应确立自身价值，明确乡土文化的重要性，要将保护义务和责任附加在自己身上，在乡村旅游发展中，积极参与到乡土文化的保护之中。

第四节 乡村旅游与科技发展

一、"互联网＋乡村旅游"应用背景

（一）人们消费的改变

现代社会的发展让城市中人们的生活、工作与学习等活动空间受到限制，城市的居民更加向往活动的拓展性，崇尚乡村生活。城市中由于土地面积有限，人口密度大，同时受工业生产和道路交通的影响，环境质量差，而在乡村生活的人们能够随时呼吸到新鲜空气、体验乡村活动和品尝乡间美味等。[①]物质生活的提高让人们开始追求精神生活享受，消费模式与习惯均发生了改变。此时，人们的业余生活更倾向于乡村旅游，也刺激了乡村旅游市场的发展。而互联网技术的应用，为乡村旅游提供了交易平台，"互联网＋乡村旅游"模式发展前景较好。

（二）政府政策支持

在市场经济下，国家支持并鼓励各行业的发展，城市的发展带动了周边经济的发展。旅游市场的不断火爆，也让乡村旅游经济的发展得到了重视。例如，在安徽省旅游业中最重要的板块即乡村旅游。2014 年 2 月，国家发展改革委经国务院同意，正式批复安徽省《皖南国际文化旅游示范区建设发展规划纲要》，主要是为了在旅游示范区建设中提升安徽省关于乡村旅游发展的开发水平和营销水平。2015 年，国家提出关于"互联网＋"的行动计划，强调在经济发展中加快电子商务发展，为现代化经济建设提供新动力。政府政策支持"互联网＋乡村旅游"的发展。在旅游经济的发展中，安徽省人民政府先后出台了《关于促进旅游业改革发展的实施意见》和《关于进一步加快乡村旅游发展的若干意见》等政策意见，宗旨都是以互联网推动乡村旅游产品的开发和营销。

---

① 鲁婉婷. 乡村旅游移动互联网营销模式探究 [J]. 经营管理者，2016（36）：2.

二、"互联网 + 乡村旅游"发展新途径

（一）确定技术路线

发展"互联网 + 乡村旅游"，主要依托互联网技术，因而在实际发展中需要应用互联网思维，加大技术研发和投入力度。例如，在乡村地区建立旅游信息数据库，通过电子商务技术和移动互联网技术应用，打造统一的乡村旅游信息服务平台，平台服务项目包括旅游线路交通导航、旅游景点信息查询、天气预报推送、农家服务或产品订购、线上交易及服务点评等。[①]在"互联网 + 乡村旅游"发展中，应用信息技术，研发、投入适应旅游活动的技术，搭建云计算信息平台，在管理控制下，整合硬件资源；利用电子商务平台为旅游者提供便捷、高效的服务，提升旅游服务水平和质量。信息与数据资源支撑着乡村旅游的发展，而对技术路线的分析可以完善各电子服务平台的搭建，为乡村旅游经济发展硬件奠定基础。

（二）经营农家乐

乡村旅游发展是以乡村资源为基础，为游客提供观光、土特产等产品服务，但在此过程中由于不同地区乡村自然特色、资源类型和文化习俗等不同，在旅游产品的开发中应该注重品牌效应，设计、开发不同的旅游活动，提供丰富的产品服务，其中农家乐活动因其独特的互动内容深受游客关注。[②]"互联网 + 乡村旅游"的农家乐，应做到创新且规范的运营，在互联网中要统一服务标准，否则会造成游客投诉。在乡村旅游经营中，农家乐是必不可少的一项内容，要构建统一的服务平台，发布产品信息，做到形象的统一，并进行产品开发、宣传、推广和营销，提升农家乐经济效益产出比重，打造"互联网 + 乡村旅游"的良好服务品牌。

（三）智慧服务平台

形成"互联网 + 乡村旅游"新业态，应在乡村旅游发展的实践中应用各种信息技术建设旅游智慧服务平台，将"WebGIS""Web Service"与"HTML5"等应用到云架构搭建中，另外，在"UDDL""Web Service"语言描述"WSDL"、

---

① 毕富利."互联网 +"背景下乡村可持续发展旅游模式的研究 [J].旅游纵览（下半月），2016（14）：196.

② 杨晓东."互联网 +"时代乡村生态旅游文化传播发展策略 [J].传媒论坛，2019，2（17）：159-160.

简访协议"SOAP"、即时通信"IM"技术的开发中与大数据融合，搭建电子商务与移动互联网商务信息共享平台，在旅游信息共享、共建中满足商务需求。"互联网＋乡村旅游"智慧服务平台中的多终端信息传输，是"O2O"旅游服务综合软硬件平台。它可以满足乡村旅游市场的开拓需求，在相关信息的预定、引导、查询、推送与交易中满足人们的需求，突出公共服务与监督价值。

（四）保障消费者权益

乡村旅游发展"互联网＋乡村旅游"模式，需要开发整合与利用多种社会、经济、技术与市场资源等，包括在农家乐经营中也要先做市场调查，了解基本消费需求，在信息资源的整合中分析与预测品牌经营的方向，最后做好售后点评服务。售后点评的目的是及时了解旅游者的消费意见，以争取后续改进，另外，也是为了完善服务，提高消费满意度增加二次消费。在互联网技术支持下，网络在线点评更加便利、快捷，信息收集和整理也更加高效，但是在运营农家乐的同时仍旧需要建立更加规范化、完整化和系统化的消费者权益保障体系。[①] 例如，制定《农家乐网上运行规范》等，不仅约束商家经营行为，与保险公司对接，保障消费者权益，降低经营风险，还能对旅游市场进行监控，对经营行为进行跟踪、调查。

（五）消费引导与生态保护

在乡村旅游发展中应用"互联网＋乡村旅游"模式，可以在各网络平台进行产品的宣传，提升服务品牌的知名度，以吸引更多的旅游者参与旅游消费。但是，乡村地区每年旅游者接连不断，收入增多也造成了生态环境的污染与破坏。例如，农家乐活动中存在的各种不文明行为，破坏鱼塘、随意攀折树木等，对此需要用网络平台规范，对不文明行为做批评，严重者列入"黑名单"。发展"互联网＋乡村旅游"应做长远考虑，利用互联网平台进行文明旅游与生态环保宣传，要引起人们的重视，在消费规范中加强环保监管，实现乡村旅游的可持续发展。

三、创新科技在乡村旅游中的应用

从 20 世纪 80 年代到现在，我国经济与科学技术有了翻天覆地的变化，信息时代与创新科学技术的发展，也改变了旅游业的发展，例如，利用创新科技

---

① 吕倩."互联网＋"视野下智慧乡村旅游发展模式研究 [J]. 旅游纵览（下半月），2016（18）：161-163.

给旅游业提供宣传与管理等方面的支持。下面以广东省为例，具体分析创新科技在乡村旅游中的应用。

（一）增加乡村旅游的营销手段，提升品牌效应

随着信息技术与互联网的不断发展与广泛应用，现代新科技也应用到了乡村旅游的发展与推广中，如建立目的地信息系统、旅游电子商务、网络查询功能等，都有着较强的实用性，其高效的交流、交易、沟通方式，增加了乡村旅游的营销手段，也提升了品牌效应；改变传统观念，主动招徕旅游者，不再被动等着他们自己上门，在科技的帮助下，建立促销方式，利用图片、视频等方式在网络上展示旅游地的景观与风土人情，以及旅游广告。例如，央视广告有很多都是以旅游地风景为主做宣传内容，如中山市的"伟人故里、锦绣中山"，佛山市的"和谐佛山、绿色家园"等，将未到过旅游景点的旅游者变成客源。另外，借助网络宣传，可让旅游品牌知名度得到提升。

（二）创新乡村旅游形式，扩大规模

时代不断地发展，科学技术在各行业中都有良好的体现，在乡村旅游发展中也起到显著的作用。乡村旅游多在郊区，或偏远地区，或欠发达地区，这些地区普遍交通不便。而交通技术的发展，多种交通途径的开发，如铁路、高速、航运等方式让旅游者出行更方便，同时也增加了旅游人数。运用创新技术发展乡村旅游，将现代影像、声控等运用于景区中，吸引旅游者关注。例如，利用视频音像观察植物生长，体验探索；网上的种菜游戏，也出现在现实中，让旅游者参与体验；还有模拟场景。这些高科技的运用，既突出了景区特点，又扩大了游客规模，拓展了消费模式。

（三）改变传统管理方式，提高质量

乡村旅游快速发展，带来商机与经济效益，于是大家纷纷效仿，各式各样的乡村旅游服务不断兴起。例如，广东乡村旅游在信息科技发展初期就运用它包装旅游产品、创新管理等。利用现代科技满足旅游者的需求，建立乡村旅游园区，如光学、计算机控制系统等新技术均运用于农业园区植物生长等方面；利用网络监管，实施全程网上自助服务，改变传统管理方式，提高服务质量，为乡村旅游发展提供强大的支持力量。

（四）提升乡村旅游景区品位，增加服务产品

广东省地理位置特殊，因此，旅游资源相当丰富，游客众多，乡村旅游发展较快。特别是新技术的运用，提高了乡村旅游产品的质量。信息技术与网络的延伸，提供给游客娱乐、办公、旅游等多方面的优质服务。例如，旅行社信息系统、酒店订票与服务系统、景区网上订票系统等，将信息技术应用于交通、服务等方方面面，既提升了景区的品位，又增加了服务项目，让旅游者旅行更便利。

（五）树立景区形象，形成激励机制

乡村旅游由政府或个人开发，要加强整体规划与管理意识，使服务质量与宣传方面都有较大的提升空间。网络技术用以征集管理方案，而系统的管理方法让网络营销更安全，为景区树立了良好的形象。旅游企业形成激励机制，继而提高景区的档次。

（六）创新科技在乡村旅游中的措施与成效

广东乡村旅游发展势头一直良好。近年来信息技术与互联网科技的推广和应用，也加快了广东乡村旅游的发展。

1.运用创新科技，打造出个性化旅游产品

现在，各地区都在大力开展乡村旅游，因此市场竞争越发激烈，但广东乡村旅游却并未止步不前，不断更新经营理念，加快科技创新，让乡村旅游得到稳步发展。因为乡村旅游的形式太简单很容易被复制，所以只有创新才能站稳市场。广东省湛江市是重点乡村旅游开发地其中的一员，它利用网络与新科技打造特色产品，这也是区别于其他地区重要的地方，如"蓝色滨海休闲游""红树林生态游""海岛休闲游"等；此外，还与媒体合作，搭建信息平台，针对客源特点推介旅游产品，走上了个性化乡村旅游的道路。

2.运用科技信息，扩展营销方式

在乡村旅游发展过程中，产品创新和营销最重要。广东乡村旅游营销，除政府投入的媒体外，还利用互联网开拓市场，提高知名度，利用微信、微博等平台和专业旅游网站发布信息，展开营销，利用网络形式扩展了传统营销方式。例如，中山岭南水乡，在景点布局上都是岭南少数民族的特色，更有丰富的文化内涵，成为白领游客的集中地。这些人通过互联网沟通和分享体验旅游，极大地推动了当地旅游业的发展。

3.运用创新技术，加强基础建设

广东优越的地理位置，决定了它丰富的游客资源，但因起点低，景区管理与配套设施未改进，达不到高标准，所以不利于乡村旅游可持续发展，因此要加强资源整合，活用新思路，运用新技术在基础建设方面下功夫；对乡村旅游产品加以创新，把混乱的开发、发展资源加以分类并规划整理、管理；以"新

颖""乐趣""休闲"为主,将传统观光旅游变成度假、娱乐型乡村旅游,以加大可持续发展力度。

4.运用创新技术,提升服务水平

扩大乡村旅游会带动相关产业发展,也会让人口就业率增高,但乡村旅游从业人员一般都是景区居民,其文化水平与素质较低。在广东乡村旅游可持续发展中,重视人才的培养,与高校合作,提高从业者的素质,再以新技术解决服务水平低下的问题,在全省乡村旅游景区开展自助服务。例如,建立自助信息平台,让旅游者实现自助游并享受其乐趣,这样既提高了服务水平,又节约了成本。

第五节　乡村旅游与制度创新

一、我国乡村旅游的发展环境与总体方向

(一)乡村旅游的发展环境

乡村振兴战略是决胜小康社会的七大战略之一,应借助乡村旅游推动乡村经济全面发展,提升经济质量,解决乡村发展中的社会与生态保护问题,要三者协同发展。新形势赋予乡村旅游解决城乡不平衡问题、盘活资源、解决乡村治理问题等功能,还应发挥连接城乡、促进经济增长的新功能。

(二)政策总体方向

中央农村工作领导小组将乡村旅游作为当前农村新产业和发展的新动能,使其获得较好的发展机遇,但同时面临挑战,必须根据业界发展趋势,借鉴国际经验,在政策体系基础上做进一步完善和调整。[1]

在政策引导上,应强调多元目标,强化目标的协同,将田园综合体、特色小镇等纳入旅游政策中,让乡村旅游发展、乡村建设、城镇化相互支撑共同推进;在发展方式上,盘活闲置资源,创新旅游发展模式,明确绿色发展方式,发展循环共享经济,再适宜地集群化、规模化发展;在新型城乡关系与全域旅游下,建立新资源观,引导新产品。

---

[1] 韩俊.农村新产业新业态的发展[J].中国金融,2017(3):19-21.

在支持政策上，支持要素应以智力与科技为主。智力支持集中于外部智库的指导与高端咨询，加大返乡创业，培训当地人才，吸引外部人才的流入。研发适宜的资源与环保技术，实施高效经营管理；创新融资方式，优惠政策和土地利用；增加政府责任，推动城乡互动，完善配套支持，推出新示范点。

在保障政策上，应发挥协调作用，提升组织化程度，加强治理，吸纳多元主体参与。未来政策应明确利益分享，鼓励共赢。政策涉及的监管也是重点，加快制订完善标准，全面监管和规范。

二、乡村旅游供给侧结构性改革的支持条件

乡村旅游供给侧结构性改革属于系统性的改革工程。乡村旅游可持续发展的条件不局限于土地和资金、人力投入的多少，而需要以科学的制度与规范来引导生产要素的合理配置，以达到优化效益的目的。

（一）促进制度的科学化

制度是要素投入与产品流通的主要推动力。正因如此，制度在设计时要充分考量乡村旅游发展的需要，处理好政府和市场的关系、政策与制度的衔接问题。

（二）发展环境优化

良好的发展环境是乡村旅游可持续发展的保证。乡村旅游发展依赖的环境应解决好三个问题：第一，市场竞争有序。应确保旅游竞争渠道的良性特征，通过政策与行为加以引导，避免出现乡村旅游资源同质化经营和开发，引入第三方论证，将特色作为开发的首要考量；同时将乡村旅游纳入行政管理范围内，加强监督与管理，对扰乱秩序的不合理竞争、强制性消费等第三方经营服务行为加以惩戒，以保证市场运行有序地发展。第二，辅助条件配套。乡村旅游经营突出的问题就是辅助硬件不配套，从而造成城乡消费流通不畅，制约乡村旅游资源发挥效用。此外，乡村旅游也面临辅助软件不匹配的问题，缺少城乡旅游消费中介服务，而乡村旅游开发评估机构、经营服务机构、项目开发规划机构、服务人才供给等中介机构也极度短缺，造成乡村旅游经营从开发到供给再到服务过程出现非专业运作和感性发展的局面。第三，风险补偿机制。乡村旅游的发展与一般旅游业的发展不同，它有着更高的风险系数，以乡村和农业产业为依托的乡村旅游项目受资源禀赋的影响更大，抵御灾害的能力较弱，要保障其可持续发展就要建立风险补偿机制，增加产业抗风险能力，最紧要的

是出台专门的乡村旅游保险产品，对遭遇灾害破坏的资源做合理的风险补偿。

（三）要素投入合理化

要素投入合理化是供给侧结构性改革的主要结构，因此要建立适应发展需求的要素供给系统。当前乡村旅游发展用地一般都依靠农村土地挖潜与流转完成。在用途管制制度的限制下，农村尚未完全放开宅基地流转，建设用地投入相对不足。促进乡村旅游要素投入合理化，应解决提高投入要素产业率的问题和调整要素投入结构问题，以合理机制促进要素集中于优质的乡村旅游项目。

（四）产业联动常态化

乡村旅游是以农业、农村资源为依托的新业态，应夯实乡村旅游资源，打通城乡消费渠道，引导城市消费进入乡村，形成一、二、三产业的联动发展。任何割裂生产要素之间联系的经济发展方式都是非生态化的，因此，乡村旅游的发展应构筑全要素的产业联动系统，从技术、服务、要素、产品、体制到网络整体推动。在体制上，促进产业联动的关键是解决多头管理问题，实现管理独立发展、主体明确；在要素联动上，构建城乡要素流通渠道，建立流通市场，确保城市要素顺利流向乡村旅游业；在产品流通上，重点建立乡村旅游产品传导机制，以物流网减少产品进入市场的中间环节，实现资源共享，加快经营服务专业建设步伐；在技术联动上，转变粗放式经营，引进先进的经营理念、产品和技术等，克服自体经营与封闭发展的弊端；在网络共建上，着力乡村旅游在大旅游平台的发展，畅通乡村旅游与第三产业资源共享渠道，建立匹配发展需求的管理、信息、物流、市场网络体系。

三、乡村旅游供给制度

（一）行政管理制度

在乡村旅游发展中，行政管理制度供给应克服政府过度包办与管控问题，从乡村旅游特色塑造、资源保护、市场有序出发，建立区别于传统旅游的制度，适度放松行业准入、经营许可等限制，引导生产要素与布局的合理，对特色业态给予必要的补贴和扶持，加强规划设计，协调规划合一，解决好政府和市场定位问题。在乡村旅游经营中减少政府的微观干预，发挥总规划、协调联动与监督管理的主导作用。同时，还应正视乡村旅游发展遇到的最大的瓶颈是旅游用地供给严重不足的现实，有针对性地改进土地管理制度，在合法合规的前提下，积极探索乡村旅游用地中农村集体土地流转途径与模式，实现农村集体土地流转制度的创新。

（二）服务传输制度

乡村旅游发展的内在需求是服务的专业化，也是当前乡村旅游发展中亟待解决的问题。与传统旅游服务和市场不同，乡村旅游发展的服务供给问题较明显，比如，有些乡村项目开发论证服务机制缺失、专业队伍薄弱、人才供给短缺、经营评价机制不健全等。只有规范化的管理和服务，才能使乡村旅游规模化、产业化发展成为可能。要想改善乡村旅游服务制度供给，就应从管理主体出发，利用政府主导，引导服务资源转向乡村旅游业，建立城乡经营服务共享平台，培育专业服务队伍，加强服务标准建设，提升服务质量，改善不专业的服务境况。

（三）经营激励制度

要实现乡村旅游可持续发展，就要确保激励制度的供给同步，克服乡村旅游发展的瓶颈制约，多方位将社会资本向乡村旅游集中。第一，保障城乡旅游发展资源配置的公平性，解决乡村旅游水、电、气等的供应和服务配套问题，确保公共资源供给有保障。第二，坚持差异原则，在税收、工商、融资方面给予政策倾斜，将乡村旅游服务列入政府购买范畴内，扶持乡村旅游的发展。第三，建立乡村旅游经营的评星定级制度体系。政府激励特色、高效、绿色项目，并将政策优惠和项目星级挂钩，鼓励乡村旅游发展走向高端经营之路。

四、乡村旅游产业政策优化路径

（一）协调目标功能

乡村旅游只有出台多元一体化的政策，才会促进乡村振兴。产业政策要鼓励乡村旅游完善与整合产业链、利用当地资源、盘活闲置资产、带动其他产业发展，具有突出、带动城乡发展、满足人们多样性生活的功能，更应发挥旅游生态保护的作用，促进绿色转型，改善乡村环境等。

在引导政策中，明确发展目标，鼓励利益相关者追求目标。在资源上，鼓励多样化利用闲置资源，将宽广的空间、人与自然和谐生活方式、民俗风情等作为特色产品，文化与旅游结合，利用资源深度开发"非遗"产品、乡村传统景观等，引入流行元素和资源与文化结合，面向亲子市场、中小学研学、老年康养开发针对性的产品，做到丰富谱系、及时更新。

在发展方式上，引导借助乡村旅游，撬动城乡资本和人力资源，促进生态系统恢复、人居环境改善和农业绿色转型，将旅游纳入当地循环经济，全面改善乡村面貌。在具备条件的地区，将乡村旅游作为全域旅游的重要实施领域，推进旅游业和乡村地区发展的全面融合，借助田园综合体和特色小镇建设，推动多产业、集群式和城镇化结合的规模化、信息化发展，扩大乡村旅游效益。通过社区自身发展旅游可以促进多方面的可持续性，政策应该引导多元利益主体与社区合作，实现内生性发展。

（二）提升质量效益

要想提升乡村旅游产业质量效益，首先就要加大基础设施支持力度，而且未来政策必须统筹考虑改善乡村旅游目的地的外部交通，广泛吸纳政府资金、私人资金和社区自有资金，再将乡村旅游和美丽乡村建设、乡村公共服务设施建设、人居环境改善相结合，以自力更生、PPP 模式改善基础设施，结合智慧乡村建设，重视公共旅游服务体系建设，建设相应的硬件设施。创新乡村资金利用，汇集财政与农业资金支持，改善发展条件，放宽信贷方式，鼓励低息或免息小额贷款发放给农户，灵活运用奖补资金，将稳定现金流资产进行众筹，鼓励对接城市支持旅游业，多元化筹资乡村旅游建设和运营资金。

其次，在智力支持上要加强有效方式。政府要解决顶层设计，如布局、规划、品牌化、组织化、可行性论证等问题；采取与院校联合、集中培训等多种形式，结合创新与经营，培育人才。在经营上，鼓励外企的对口帮扶，聘用专家指导，在特定地区，人才选拔上要偏重于乡村旅游专业；以多方合作加强研究与经验总结，把乡村旅游开发纳入农业推广中，并在全国范围内推广。

最后，政府与旅游行业要大力度推广营销，支持乡村旅游各项活动。政府推介目的地应加入乡村旅游内容，支持电商的介入，在城市旅游集中地加入乡村旅游线路，并对经营者加以奖励；另外，除规划引导、示范创建外，还要相应配备奖励评比、科技研究、集成推广，把旅游资源富裕的乡村旅游纳入政绩考核中，并且鼓励资源投入，探索发展模式。

（三）推进持续发展

在发展支撑措施上，政策应关注利益分享与加强政府服务功能，尽快提升组织化与治理水平，对各环节加以完善监管、控制负面影响；利用农业生产结合于乡村经营主体，鼓励合作社的参与，让其进行产品经营，形成多元主体参与形式，发挥个人的能力，提升经营水平，让公共管理更有序。政策要对外来资本加以管控，不要让它们对社区利益造成危害。

规范与监管内容要进一步完善，应该集中于三个方面：第一，合理开发；

第二，经营与服务行为规范；第三，负面影响的控制。三方相互联系和制约，应采用一系列手段来解决。合理开发以资源保护为主，涉及方面较多，应督促相关部门对法律法规进行细化，明确开发的标准与要求，出台保护细则，增加政策操作性，如许可、评价、认证制度等，并加强督导；列出清单并采取措施，减少文化、社会、生态的负面影响；手段上，应多措并举，公示、计划、标准、奖励惩罚、法规、检查监督等共用，政府、社区、第三方参与，积极推动行业自律，以达成效。另外，对政策进行评估，推广绩效好、适用面广的政策，对带来负面效果、未达到预期效果的政策要及时改正。

第七章 中国乡村旅游发展的新走向

第一节 中国乡村旅游发展新走向之康养旅游

一、康养旅游的基本概述

（一）康养旅游的发展环境

1. 政治、经济环境

随着国民生活水平越来越高，人们已经不单单满足于温饱，而是越来越注重精神方面的满足。国家出台了一系列关于发展我国旅游业的相关政策，提出要大力发展健康产业。国家政策的出台，为我国健康产业的发展提供了有力支持，而且，它将有助于缩小我国城乡差距、统筹城乡发展，同时满足国家对旅游业消费转型升级的需求。

2. 社会环境

社会环境变化是指国家和地区社会结构不是一成不变的，而是在变化中发展的，如教育水平、风俗习惯等都会影响投资者决策。其中，影响政策出台及投资者决策的最主要的因素就是社会环境因素。

（二）康养的相关概念

1. 康养旅游

康养旅游是指以"健康"为核心打造的集聚健康、养生、养老、休闲、旅游等多种功能融合发展的新型旅游产业模式。与普通的旅游相比，康养旅游追求的是高品质的生活。近两年来，康养旅游作为一种新的旅游产品受到大家广泛关注。世界上有许多地区和国家纷纷展开对康养旅游的投资。

2.康养小镇

提及小镇，大部分人想到的就是欧陆风情小镇或江南水乡似的小镇。然而，康养小镇是指以"健康"为出发点打造的集聚健康、养生、养老、休闲、旅游等多元化功能融为一体的特色小镇。康养小镇，其概念出现的时间虽然较晚，但我国建设康养产业的脚步却从未停歇。

（三）康养旅游的特征

康养旅游的建设集聚疗养、健康产品、旅游、美容、休闲、度假等多种业态共同发展。所以"康养"是康养旅游未来建设中的核心内容。建设康养旅游产业可以带动与健康相关产业的发展，促进民众消费，带动区域经济发展。发展康养产业是国家的需求，也是民众的需求。但是，不是每一个地区都可以建设成"产业特色鲜明、宜居宜游、富有活力"的康养小镇。康养小镇主要具备以下几个特征。

1.康养产业占地面积较大

康养产业所需面积较大，是因为康养产业为集聚医疗保健、娱乐休闲、保健用品等许多产业融合发展的项目。因为是众多产业集群项目，所以投资金额较大，所需空间也相对较大。

2.康养产业的区位优势

实现健康生活的基础条件一般具有良好的生态环境和气候条件。经营者可以依据区位优势条件和市场需求来发展一个集多种产业共同发展的康养产业体系。例如，拥有温泉的地方利用天然温泉资源打造温泉小镇等，也可依靠本地的自然资源及民俗文化资源，并辅以配套的设施、民宿、商业步行街等娱乐场所打造适宜度假、养生、休闲于一体的康养旅游场所，形成生态养生小镇产业。

3.明确的功能

康养小镇不同于其他小镇，它具有更特殊的、更独特的功能性和目的性。以温泉小镇为例，它主要依靠当地的地形、地貌及特有的气候条件，打造以自然资源为依托，融合各种休闲娱乐设施、康疗项目等共同发展的康养产业，如依托温泉打造的温泉瑜伽馆、依托长寿文化打造的长寿文化村等独具特色的康养小镇。

4.独具本地特色

发展康养旅游最主要的还是创新产业，不能一味地依靠自然景观，要打造独具特色的、吸引消费者眼球的、多元化发展的康养旅游产业，可以发展以某种慢性疾病预防、治疗为主的产业，如高血压、糖尿病等。

5.具有环保理念

参加康养旅游本身就是人们享受大自然的过程，在旅游者享受大自然的过程中，只有更好地保护大自然，才能将自然景观与人文景观有机融合；只有做到人与自然的相处融洽，康养旅游才可以更长久地发展下去。

二、乡村旅游与康养旅游的融合发展

随着群众经济生活水平的提高，单纯的乡村旅游难以满足人们对高品质生活的追求。在融合发展时代下，康养旅游要做大做强、健康发展，就要在开发过程中做到多种要素结合发展，完善产品结构。

第一，传统的乡村旅游活动形式单一、产品雷同，不能满足不同游客的多种需求。康养旅游在建设过程中要有特色、要有与众不同的地方，就要重点体现在"康养"二字上，使旅游者在感受自然的过程中达到调节身心、强身健体的目的。

第二，结合乡村旅游中的人文特色、自然资源等优势条件，结合当地独具特色的民俗习惯、传统文化等来建设独具当地特色的康养旅游产业，如乡村文化、民间习俗和传统节日等，让游客参与到多姿多彩的民俗艺术文化当中，使人们陶醉于乡村的人文活动中，实现乡村养生与传承文化的双赢。

第三，康养旅游必须以健康养生为核心，结合当地的自然资源，打造集健康养老、休闲娱乐、养生等多功能融合发展的旅游产业模式。发展康养旅游是促进我国产业结构转型升级、促进城乡发展的有效手段。

三、国内外康养旅游实例分析与启示

（一）国外实例——德国巴特·威利斯赫恩镇

1.德国巴特·威利斯赫恩镇森林康养的分析

德国是世界上森林覆盖率较高的国家之一，其国土面积的三分之一都是茂密的森林。德国一直被公认为是世界上最早开始森林康养旅游的国家。德国的黑森林区域根据树林分布稠密程度被分为北部黑森林、中部黑森林和南部黑森林。其中以北部黑森林最为茂密；中部黑森林则汇集了德国南部地区传统风格的木制农舍建筑，山间瀑布也藏匿于森林之中；而南部黑森林则是德国与瑞士交界的边境，树林逐渐被草地间隔开来，呈现出德国丰富的自然资源以及良好的生态多样性，加之一流的疗养设施，使之成为德国最大的康养带。

巴特·威利斯赫恩镇位于黑森林的南部，它的闻名是源于19世纪中期，医师赛帕斯坦·库乃普为治疗德国人的"都市病"而提出的利用水元素和森林资源的独特优势开展对人类身体健康有所助益的"自然健康疗法"，而巴特·威利斯赫恩镇就是这个"自然健康疗法"的实验场所。巴特·威利斯赫恩镇推出的森林疗养是以具有医治性的健康恢复和保健疗养为主，其最成功的做法是将它发展成为德国的一项基本国策，即对德国公务员强制性地要求其定期进行森林疗养以提高其健康指标。除此之外，巴特·威利斯赫恩镇森林疗养的普及和推广也辐射了当地其他方面的发展，促进了当地就业的增长和人才的培养与引进。随着当地森林康养旅游产品的不断发展，巴特·威利斯赫恩镇的60%~70%人口从事与森林疗养有关的工作，其中康养导游和康养治疗师等方面的人才缺口较大。在产业发展中，当地还形成了具有国际影响力的森林骨科医院等。

2.德国巴特·威利斯赫恩镇森林康养的启示

（1）制定统一的森林康养基地标准

巴特·威利斯赫恩镇森林康养旅游产品发展成熟的原因，除了它是属于接近自然的原生态环境下的合理规划景区之外，更重要的是德国从开发森林康养旅游产品之初就树立走精品化路线，更多地强调了要建立严格的森林康养企业投资准入机制。在德国政府与其他相关机构共同深入研究和广泛征求意见之后，制定了一套科学、全面、统一的森林康养基地评选标准，并在全国范围内进行了推广，以此来促进森林康养旅游产品的有序、有效发展。

（2）建立健全医疗康养服务体系

德国在建立森林医疗康养服务体系时，将森林疗养项目作为一项国策纳入国家医疗的做法，是值得我国发展乡村康养旅游借鉴的。在以综合治疗、健康管理组织为依托的载体下，针对有康养需求的老龄人口、亚健康群体、康复群体和患病群体等，加快将乡村康养纳入国民医疗范围，这不仅有利于带动当地乡村康养旅游的发展，还有利于减少国家医疗成本和增强国民健康。

（二）国内实例——世界长寿之乡巴马瑶族自治县

1.世界长寿之乡巴马瑶族自治县的分析

广西巴马瑶族自治县曾是我国国家级贫困县（2019年脱贫），具有我国偏远乡村地区"老、少、边、穷"的普遍特点，虽然其经济落后，但生态环境优美，而且生活在巴马的百岁老人数量远远超过了我国其他地区。国际医学界很快就关注到了这个令人惊奇的现象。1991 年，巴马在国内外医学界专家学者们的调研和论证下，被正式确认为世界上的第五个长寿之乡。自此之后，巴马长寿旅游业蒸蒸日上。"长寿"被巴马瑶族自治县旅游局作为当地特色的旅游名片，以众多老人的长寿秘诀、原生态的自然环境和丰富的人文资源为发展当地乡村康养旅游的"三大法宝"，并借助广西旅游发展的东风，大力营销推广其"长寿文化"，吸引了大量游客慕名前往，和众多旅游企业积极投资开发"巴马乡村康养旅游"项目。也印证了习近平总书记的"绿水青山就是金山银山"这句话，体现了巴马瑶族自治县的快速发展归功于能将当地原生态的旅游资源转化为经济效益。

"长寿之乡"的巴马通过当地相关部门的全力推广宣传，开始声名大噪。巴马瑶族自治县年接待游客人数在 2003 年就已经达到了 1 万人次，被游客青睐的巴盘、坡月、甲篆山等村已经成为"网红村"。在此趋势下，巴马联合周边河池市定于每年的 11 月上旬主办"巴马国际长寿养生文化旅游节"系列活动。这一系列旅游活动的开展也带动了巴马乡村康养旅游配套设施和品牌形象的建设。越来越多的集团公司联合当地相关部门共同打造"长寿巴马"品牌，推出巴马养生产品作为旅游特产。另外，巴马乡村康养旅游景区的吃、住、行方面也得到了很大的改善，当地居民纷纷把自家房屋改造成养生别墅、公寓等，积极参与到乡村康养旅游的发展中来。2013 年，巴马瑶族自治县开始着手规划建设巴马长寿养生国际旅游区，并致力于成为广西三大国际旅游目的地之一，2017 年实现旅游总收入 47.58 亿元，接待国内外游客共 529.8 万人次，2019 年旅游总收入 82.92 亿元，接待国内外游客 825.85 万人次。

2.世界长寿之乡巴马瑶族自治县的启示

（1）发挥旅游联动作用，形成康养旅游产业链

巴马瑶族自治县人民政府以生态资源和传统农业为依托，着力发挥"旅游+"的联动作用，并与第一、三产业相互融合来延伸其康养旅游产业链，主要做法有开发当地农副产品加工和饮用水的生产销售。另外，政府先后出台了一系列文件来推进当地的一体化服务机构的建设，如建设乡村康养旅游特色小镇和康复医疗、休闲观光、养老等机构。在此基础上，巴马瑶族自治县为彰显我国少数民族文化的魅力和满足游客的各项康养需求，深入挖掘地方民族文化，重点打造康复旅游、瑶族医药文化体验等系列特色产品，并以瑶族医药为载体。这

些特色产品成为当地创建中医药健康旅游城镇的关键。

（2）树立康养旅游品牌形象，提升目的地知名度

巴马瑶族自治县为了奠定其提升乡村康养旅游国际知名度的基础，在东盟博览会永久落户南宁这一机遇下，与国家中医药管理局、原国家旅游局联合打造举办了中国—东盟传统医药健康旅游国际论坛，并获得该国际论坛的永久举办资格。2016年，巴马瑶族自治县为了达到增加营销推广的目的，成功注册了与巴马以"仁寿"为核心的旅游形象相辅相成的"长寿巴马"全类商品及服务商标，提高了政府、企业、居民、旅游者等利益相关者对品牌的认知度。

四、乡村康养旅游的发展方向与发展前景

（一）乡村康养旅游的发展方向

"健康中国"是我国特色社会主义建设道路上一个新的实践。国家发布了一系列政策支持"康养＋旅游＋地产"的发展模式，健康产业的发展迎来重大机遇，以"健康"为核心建设的康养产业逐渐发展壮大。建设"健康中国"，发展康养产业主要从以下几个方面努力。

1. 关注各个群体

在社会快速进入老龄化和亚健康人群增多的背景下，各类人群都是康养旅游的潜在客户。在人们习惯了传统的旅游模式以后，康养旅游作为一种新的旅游模式，具有很强的吸引力。兼具医疗、养生、旅游等综合型的旅游产业存在巨大发展空间。

2. 软件设施、硬件配套设施统筹兼顾

风景优美、舒适宜人的自然条件是康养旅游的必要条件。康养小镇建设的前期准备应该放在净化空气、净化水体、绿化环境等创造环境条件上。同时，康养小镇的软件设施与硬件设备同样重要。康养旅游小镇在建设时要具备较强的疗养功能，这是康养小镇必须要具备的基本元素，在发展道路上要根据自身需求设置保健、医疗、康复、护理相融合的产业结构，提供"预防、治疗、康复、养生"为一体的康养机制，同时要具备供游客娱乐休闲的场所，这些都是建设康养小镇不可或缺的条件。

3. 建立稳定发展的商业模式

康养旅游必须具备养老、养生、养心等一系列综合性功能，因此为把康养产业做大、做好、做长久奠定基础，就要以医疗健康为核心，并以配套设施和

具有当地特色的产品，建立独具当地特色的商业发展模式。

（二）乡村康养旅游的发展前景

康养旅游是为了适应经济社会快速发展而产生的一种新型的、健康的，可以带动当地经济发展的生活方式。如今，健康已成为人们生活中的共同追求。不论老少，大家都有走出去的意愿。同时，随着国家有关康养政策的实施，涵盖养老、养生、医疗、文化、旅游等全方位、多方面的康养产业从无到有，到发展得如火如荼。康养旅游的发展前景广阔，主要体现在以下几个方面。

第一，康养旅游的出现符合我国老龄化的国情和亚健康人群的需求。据中国老龄产业协会组织的《中国老年旅游产业发展现状和趋势研究》课题研究显示，2050年，我国老年人口将突破4.8亿人，也就意味着我国老年人群将成为康养旅游的发展主力。随着生活水平的提高，人们对生活品质的追求越来越高，对保健产品、健康养生、医疗保健等服务项目的需求也迅速增长。这些都预示着康养旅游在我国有较好的发展空间。

第二，随着人们越来越注重养生、长寿，当初单一的旅游方式已经很难满足人们对于自身健康的需求。康养旅游的快速发展使得我国的旅游业发展更加充满活力。康养旅游对于国民身心健康发展有很好的调节作用。现代社会是一个竞争比较激烈的社会，适度压力能让人产生奋斗的动力，而过度的压力不仅会产生相反的效果，还会使人感到焦虑、沮丧，甚至患抑郁症。因此，减压减负成了很重要的事，而康养旅游现在是顺应我国政策的发展潮流，政策的制定也是出于人们的需要，因此，发展康养旅游是形势所趋、发展必然。

第三，对于城市建设方面来说，发展康养旅游有助于推进我国新农村建设，加快城镇化发展，有利于统筹城乡发展，为本地人民带来大量就业机会，提高当地人民生活水平，缩小城乡差距。康养旅游产业的发展不仅可以解决我国经济结构转型方面的问题，也是中国供给侧结构性改革做出调整的有效尝试。

第四，康养旅游产业的发展有助于解决农村问题。在大量农村劳动力向城市转移的同时，产生了一系列社会问题，如留守儿童问题和空巢老人比例不断增大。发展康养旅游过程中，必须具备一定数量的劳动力，这就为农民返乡务工创造了有利条件，促进农民就近务工，从而解决了农村留守儿童问题和空巢老人问题。

第二节　中国乡村旅游发展新走向之教育旅游

一、乡村教育旅游理论框架

（一）乡村教育旅游概念界定

教育旅游最初发展于城市与景区，其依托城市的现代科普场（馆）设施、学府院校及都市文化活动、展会等。此外，教育旅游在景区的开展主要存在或依附于各地旅游过程中的某项环节与活动，并未出现成熟的教育旅游独立业态。在乡村地区，随着游客旅游需求日益多元化，以生态、文化旅游及教育旅游等形式以及其他旅游的复合产品日益，取代传统的观光、休闲乡村旅游。本节将教育旅游的核心吸引物按地域范畴来分类，大致分为城市、乡村及景区范畴三种（见表7-1）。

表7-1　基于不同地域范畴的教育旅游核心吸引物

地域范畴		核心吸引物
城市范畴	人文科普场馆类	各类博物馆、规划馆、科技馆、档案馆、图书馆、体育馆及展览馆等
	高校科研院所类	知名大学学府、重点实验室及科研所、气象台、地震台等
	都市文化历史类	地表建筑、历史文化街区、城市历史（馆）廊、外交使馆等
	市政公共服务类	各类中心广场、城市绿地、政府议会、市民中心等
	交通基础设施类	城市绿道、火车站、地铁、机场、港口码头等
	社会人文活动类	体育竞技赛事、文娱艺术站、书法（画）展、各类主题会议
乡村范畴	乡土风情类	历史古村落、名人故居、古木名树、农业示范园区等
	田间农事类	农作物种类（养）基地、农事体验、农家乐等
	农家民俗类	传统民风习俗、故居宗祠、传统节庆等
景区范畴	主体性公园类	世界自然/文化遗产、国家地质/森林公园、动（植）物园等
	纪念性场馆类	革命传统、历史文化、英雄事迹、名人故里（居）等

从地理角度讲，乡村与城市都为空间概念，而景区是此地理空间中独立出

来的作用旅游活动的功能区。城市是现代人类社会经济活动中高度繁荣地区，在提供教育科研硬件设施与塑造社会人文艺术环境均等条件均明显优于其他乡村地区。进入 21 世纪后，素质教育游、科普教育游、高校一日游等在北京、上海、广州、南京等大中城市开展起来。在乡村地域中，教育旅游的开展主要依托各地不同乡村的自然景观、乡村农业生产活动和乡土文化风俗为吸引物，而旅游者在此基础上进行以教育或学习为旅游目的的各类旅游活动。

乡村教育旅游结合乡村教育、教育旅游、旅游体验及教育农业等多种活动，是教育旅游活动在乡村地理空间上的具体表现形式，符合乡村旅游从以农家乐为主的传统休闲度假向各类专项主题旅游活动的转型发展路径。乡村教育旅游的概念是在教育旅游、乡村旅游、旅游体验等概念基础上发展起来的。

乡村教育旅游是指地理空间上以乡村地域为活动场所，结合乡村旅游资源的教育功能，让旅游者在旅游过程中以寻求愉悦的教育体验为根本目的，通过与乡村旅游吸引物实现信息的认知与互动，使得旅游者在旅游过程中实现自身的知识、技能等方面的个体发展，形成寓"学"于"游"的个性化旅游活动。

（二）乡村教育旅游与城市教育旅游的区别

狭义的教育旅游活动主要在学生群体中，是以科研院所和学校等教育机构为依托来开展的主题性或专项性的游学活动。由于旅游活动的异地性与暂时性，出现了在地理空间上的分异。乡村教育旅游是教育旅游在乡村地区的发展，相对于城市的教育旅游而言，两者并不是纯粹的地理空间的差别，详见表7-2。

表 7-2　乡村教育旅游形式与城市教育旅游形式的主要差异

	旅游资源	旅游体验	文化要素	产业发展
城市教育旅游	以社会人文属性为主	都市人文、现代工业、科技信息等体验	以都市文化为核心特征	各方面基础设施完备，教育旅游产业初具规模
乡村教育旅游	以自然环境属性为主	乡土风情、农家民俗、田间农事等体验	以乡村文化为核心特征	教育旅游产业基础薄弱，发展空间与潜力可观

在旅游资源方面，城市教育旅游资源更多是一种现存的、人造的"观光型资源"，带有明显社会经济活动的印记，如科普场馆、高校院所、博物馆及各类论坛会议。这些旅游资源在教育旅游过程中，规模相对较大且固定集中，开发成本与条件相对较高。乡村教育旅游资源则是一种隐性的、个性化的"互动

型资源"，明显带有乡土风情的旅游资源相对分布广泛，它强调旅游者与乡村资源、环境等进行互动，从中对知识的获取与理解。

在旅游体验方面，旅游者在旅游过程中经过不断地与外部环境进行互动来获取不同的体验。乡村教育旅游可以较好地满足旅游者的体验需求。乡村的自然、人文资源的生态性与生活性为旅游者展开一个开放的、互动的"教娱"空间。

在文化要素、产业发展方面，城市教育旅游是结合教育产业，在各类院校、公益团体、非营利机构及旅游企业等相对成熟的基础上开展的，旅游活动主要围绕各类学科、文化、重大事件类主题的访问参观、巡展报告、纪念活动等。由于对知识与专业的要求性，此类活动群体一般为学生群体、业内人士等，对民众吸引力不显著。乡村教育旅游，重视在城市化过程中对乡村文化的呼吁与凸显，强调"原真性"，以乡村的生产、生活、生态为题材，为游客提供一个"课堂平台"，结合学生的乡土教育、青少年的社会实践、家庭亲子活动体验与都市白领户外锻炼形式，去了解、感受、寻访、实践乡村的"三生"文化。此外，乡村教育旅游还可以借助旅游业与现代农业相结合的契机，融入传统农家乐、生态农业、农业示范园区等多种方式来具体开展。

（三）乡村教育旅游的特点与类型

从业内学者对传统教育旅游的研究中，可以得出教育旅游主要体现为教育性、针对性、公益性等基本特征。第一，教育旅游不同于一般的常规旅游活动，教育性是其首要要义。狭义的教育旅游中始终贯穿素质教育、爱国主义教育等，结合学校教育进一步提高学生的综合素质。第二，针对性主要体现在教育旅游线路与产品的设计开发，一方面根据不同学龄的学生、青少年特点，结合学科知识内容开发，另一方面因地制宜，根据地区的自然、人文资源进行开发。第三，由于教育旅游活动属于特殊的"游学活动"，并非进行纯商业模式开发，在一定程度上承担非营利性的公共服务活动。

乡村教育旅游的主要形式有以下几类。

1. 教育考察旅游

考察与旅游在内容上有差异，但在形式上却并无二致，因此，将二者结合在一起，就显得十分自然、贴切。教育考察旅游主要以学校人事制度考察、校长职级制考察和教育教学改革研讨等形式开展，内容和形式可以丰富多样，能够在很大程度上满足旅游者的旅游诉求，尤其在社会对学校办学效率和效果提出更高要求的当今，教育考察旅游成为教育旅游的新主张。

2.实践教学旅游

实践教学旅游形式与修学旅游有相似之处，都要借助旅游体验获得更多"真知"。实践教学旅游指的是组织旅游者出外旅游，目的在于能够将已有的知识储备与旅游景观、景点结合在一起，使旅游者能够完成对已有知识的重新定义和重新认识，达到寓教于游的目的。

3.革命传统旅游

革命传统旅游形式已经十分成熟，并得到了全社会的认可和推崇，在革命传统旅游的框架下，通常以爱国主义教育示范基地或革命老区、革命战士故居等为基础，对旅游者进行爱国主义和革命传统教育。组织方往往引导旅游者参观革命旧址、学唱革命歌曲，以及穿着革命服装等，以便使其快速地进入角色。

4.修学旅游

修学旅游形式与传统意义上的游学有异曲同工之处。旅游者一般要到异地、异国以旅游的形式进行学习，以"学"为重点，以"游"为载体，内容丰富多样，但目的只有一个——使旅游者在旅游过程中开阔眼界、增长知识。作为一种独特的旅游产品，修学旅游近年来逐渐升温，市场吸引力不断增强，无论是入境修学游、出境修学游还是国内修学游，都已成为旅游者关注的重点。

二、乡村旅游的教育功能

人类的旅游活动自产生之初便有满足人们求知与学习需求的功能，我国古代文人墨客"慨然欲徧历九州岛，览其山川形势，访遗侠，交其豪杰，博采轶事，以益广其见闻，而质证其所学"。今天，人们多通过旅游来满足休闲娱乐的需求，旅游的教育功能仍然发挥着巨大的作用。乡村旅游既是休闲之旅，也是教育之旅，它作为一种快速发展的旅游活动形式，发挥着显著而突出的教育功能。

（一）思想政治教育功能

毛泽东提出"以农村包围城市，最终夺取城市"的战略，带领广大人民建立农村革命根据地。如今很多乡村地区就是当年的革命根据地。来到农村，总使人回想起当年中国共产党领导人民争取解放、争取获得独立的艰苦的奋斗史。

很多农村地区依然保留当年修建的地道等建筑，使旅游者置身其中会不自党地激发对我们党的领导人与人民军队的革命精神、革命历史的崇敬。这种身临其境地体验爱国主义教育基地的效果显著而深刻。通过乡村旅游对学生和党员进行思想政治教育，可以设身处地地引起旅游者思想上的共鸣、心灵的震撼。

（二）民俗文化教育功能

多姿多彩的民俗文化是发展乡村旅游的重要资源，所以乡村旅游具备向旅游者传递文化、启迪智慧的功能。无论是以自然为主体，还是以人文为主的景区（点），其实质都是生产文化、经营文化、销售文化。旅游者千里迢迢前来，本质都是购买文化、消费文化、享受文化。如今，乡村旅游为人们感受多方事物、开阔眼界、增长见识提供了一个天然的平台。乡村旅游地的民俗文化具有原生态的特点，是当地居民真实生活的体现，是最原汁原味的，远远要比舞台化的民俗表演真实，比通过媒体获得的信息生动。

旅游者从乡村旅游中获得的民俗文化的教育，不仅仅体现在知识、见识的增长，还能使旅游者在行为处事与道德上受到熏陶。旅游者来到乡村旅游地，通过观看、感受当地文化、重拾传统礼仪，可以陶冶人们的情操。民俗文化的教育作用虽然不像法律一样具有强制性，但是它更注重通过潜移默化默默地熏陶，规范人们的道德品质。

（三）情感意志教育功能

乡村旅游还具有情感意志教育功能。随着城市居民生活水平的提高及家长对孩子的溺爱，很多在城市里长大的孩子好吃懒做，出现独立生活能力和动手能力差等问题。很多家长在周末一家到农村地区参加乡村旅游，不仅仅为了娱乐休闲，更想利用参加乡村旅游的机会培养孩子吃苦耐劳的精神，锻炼他们的意志。由于乡村贴近自然，乡村旅游活动多种多样，登山、划船等项目需要参与者有一定的勇气与体力，种植、采摘活动让孩子可以亲自动手操作，另外，还有很多趣味活动项目必须通过多人合作才能完成，这些都非常有利于培养人们的团队精神与动手能力，对孩子来说是一堂生动的体育课，对公司员工也是一场难忘的培训。

（四）生态环境教育功能

生态环境教育就是凭借一定的教育手段，使人们认识环境、了解环境、提高环保的意识、增强环保责任感。所以，当前我们更应加强生态环境教育。

乡村旅游是在优美的原生态的自然环境的基础上发展起来的。脏、乱、差的乡村环境是不能对游客具有吸引力的，所以乡村旅游地要时刻保持良好的生态环境。乡村地区既是游客放松休闲的好去处，又是进行生态环境教育的生动课堂。游客通过观赏乡间美景、体验多彩的乡间活动，能够充分感受到人与自然和谐相处带来的美好感受，从而认识环境的重要性、破坏环境给人们带来的危害，培养保护环境的意识，增强人们对环境保护的责任感。

三、充分发挥乡村旅游教育功能的对策

我国乡村旅游资源丰富，是开展各种教育的良好载体。笔者通过对我国乡村旅游实现教育的分析，对充分发挥乡村旅游教育功能提出以下建议。

（一）营造发挥乡村旅游教育功能的良好环境

1.提高认识

我国是一个农业大国，乡村自然资源丰富，悠久的历史与众多的民族又赋予了我国乡村旅游深刻的文化内涵，所以，我国的乡村旅游自兴起以来，一直就以较快的速度在不断发展壮大，如今已经达到了相当的规模，并且在发展农村经济、增加农民收入、提高农村剩余劳动力就业率等方面取得显著的成效。因此，提高对乡村旅游的认识，深入挖掘乡村旅游内涵，发挥乡村旅游多种功能，已经成为乡村旅游可持续发展的现实需要。

发挥乡村旅游教育功能，有利于对广大群众特别是青少年进行爱国主义教育、增强民族凝聚力；有利于游客增长知识、开阔眼界，全面提高人们的综合素质；有利于增进人与人之间的沟通与交流，培养脚踏实地、吃苦耐劳的精神，挑战自我；有利于普及生态环境知识，增强人们的环保意识。乡村旅游的诸多教育功能生动形象，能潜移默化默默地发挥着自己独特的作用。这种寓教于游的教育形式所取得的效果，是学校教育与家庭教育所不能替代的。

旅游业的健康发展离不开政府部门的领导，而乡村旅游教育功能的发挥同样需要各级政府的大力支持与积极引导，需要各个管理部门的良好配合。各个部门要对乡村旅游教育功能有一个深刻的认识，形成推动乡村旅游教育功能发挥的合力，为乡村旅游的可持续发展创造良好的宏观环境。

2.注重媒体宣传，强化乡村旅游教育功能

营造乡村旅游教育功能发挥的良好环境，需要地方政府、各部门共同努力协作，要在政府的主导下，充分调动社会各方面的力量把这项工作系统地落实。其中，加强媒体方面的报道和宣传是必不可少的，因为任何问题在媒体的

关注下都会被迅速放大，另外，媒体的宣传还起到对公众的引导作用。因此，我们要重视媒体宣传对发挥乡村旅游教育功能的作用，既要用到传统媒体，也要采用新兴媒体，做到多渠道、多形式、多角度地宣传乡村旅游的教育功能以及乡村旅游教育功能产品，让游客有耳目一新的感觉。

同时，还可以通过策划一些活动来达到宣传的目的。例如，近年来有很多乡村旅游地为了打造自己的特色品牌、提升地方整体旅游形象，有偿面向社会公开征集乡村旅游宣传口号；还有的乡村旅游地区通过组织摄影比赛等活动来为自己做宣传。乡村旅游的教育功能同样要以多种形式宣传，在向大家展现优美的乡村生态景观的同时，把乡村旅游的教育功能向社会各界大力推介。

3.加强理论研究

我国乡村旅游发展迅速，但是也不可避免地出现了如盲目建设、产品雷同、缺乏创新、环境污染等问题。在这种背景之下，乡村旅游急需正确的理论对其进行引导与推动。我国学者对于乡村旅游的研究是伴随我国乡村旅游的发展起步的。总体来说，我国乡村旅游理论研究进展迅速，研究的领域不断扩大，研究框架已经基本建立，并且向纵深方向发展。

（二）完善乡村旅游接待地的开发与管理

1.加强乡村旅游教育功能的产品开发

乡村旅游产品内容丰富、形态多样，是包括乡村旅游景观、乡村旅游活动、接待服务设施的一种复合型产品。早期开发的乡村旅游产品以观光型产品居多，如参观田园风光、田间劳作、民族风情等。随着旅游者对旅游认识的逐渐加深、旅游需求的逐渐提高，传统观光型旅游产品已经不能满足越来越多的旅游者需求了。越来越多的游客更加注重旅游产品的参与性，还有些游客开始注重在旅游过程中体验当地文化、提高自己的修养。

乡村旅游管理部门要多开发以教育为主题的乡村旅游产品，以其突出的教育功能吸引游客的关注，以其系统性的内容满足游客的高层次需求。乡村旅游地要根据自身旅游资源的特点因地制宜开发思想政治教育旅游产品、情感意志教育旅游产品、民俗文化教育旅游产品和生态环境教育旅游产品；在旅游产品开发时，既要结合自身资源的优势，不搞盲目开发，又要联系先进理念，确保旅游产品的质量，延长产品生命周期，从而提高乡村旅游的整体竞争力。例如，当前低碳理念已经被越来越多的人接受和推崇，一些乡村旅游景区勇于创新，开发以低碳为主题的旅游产品，受到游客的广泛喜爱，也取得了较好的教育效果。

2.建立完善的旅游解说系统

在乡村旅游目的地的诸多要素中，解说系统是一个至关重要的部分，它是乡村旅游地的各种功能尤其是教育功能得以正常发挥的必要基础。解说系统通过向游客传达与旅游主题相关的一些信息起到满足游客好奇心、传播知识、教育引导的作用。它是乡村旅游地居民和旅游经营管理者与游客沟通的有效工具，是乡村旅游教育功能发挥的重要媒介。旅游解说系统包括向导式解说系统与自导式解说系统两大类：向导式解说系统就是由导游解说人员向游客传达信息的一种表达方式；自导式解说系统则是借助旅游解说牌、地图资料、宣传手册以及媒体音像资料向游客传达信息的宣传方式。

完善乡村旅游解说系统，首先，要努力提高乡村旅游导游人员的素质。音像资料、宣传手册等宣传媒介所传递的信息是单向的，而导游解说人员与游客交流的最大特点就是具有互动性。导游人员不仅要在旅游过程中向游客讲解，而且要回答游客提出的各种问题，所以要求导游解说人员要具有较高的素质。相关管理部门要加强对导游解说人员的培训，提高导游解说人员的知识水平与职业道德。导游解说人员自身也要努力提高素质，注重知识的积累，做到熟知乡村旅游地的文化与历史，熟悉景区的一草一木。其次，要努力建立与完善乡村旅游景区自导式解说系统。充分认识解说系统的重要性，相关部门加大对解说系统的投入，根据景区自身的资源、文化特点，通过合理的规划设计，向游客提供全面的解说服务。在设计中要特别注意解说信息的准确与真实性，避免封建迷信内容，形式上要多种形式合理组合，设计新颖，确保乡村旅游教育功能的发挥。

3.注重游客的参与

随着体验经济的到来，在旅游活动中增加参与性项目、开发体验型旅游产品已经成为当前旅游业发展的趋势，越来越多的游客不再满足于单纯视觉上的观赏，而是青睐一些参与性强的旅游项目。乡村旅游景区环境优美、资源丰富，为设计开发体验参与型乡村旅游产品提供了良好的自然基础。体验型项目不仅能够调动游客的积极性，使游客不再是走马观花观赏，而是主动地参与到活动中来，从而留下极其深刻、难忘的美好经历。体验型项目更有助于乡村旅游教育功能的发挥，通过开发设计一些寓教于乐的项目，如农作物的种植与采摘、农产品加工与手工创意制作、参加民族传统节日等活动以达到教育目的。

（三）加强对当地居民的教育与培训

1.生态环境教育

乡村旅游生态环境是乡村旅游赖以生存和发展的基础资源。乡村旅游在发展地方经济、促进农民增收的同时，不可避免地产生了一些环境问题，不利于乡村旅游的可持续发展。由于乡村旅游地居民大多意识不到发展乡村旅游对当地环境带来的污染，相关部门有必要对当地居民进行环境教育。当地居民要提高保护家园环境的意识，维护乡村旅游生态环境，这是发挥乡村旅游环境教育功能的前提。

2.文化教育

乡村与城市存在着强烈的文化差异。乡村旅游地每天在接待大量来自城市旅游者的同时接受着现代文化的撞击。当地的农民长期受到城市"先进"文化意识的"冲击"，极易导致农村文化向城市文化趋同的现象，殊不知城市旅游者追求与向往的正是城市与乡村文化的差异。相关部门要加强对当地农民的文化教育，培养当地居民对自身文化的自豪感与"跨文化"的能力，让当地居民了解自己文化的精髓所在，这样既能吸取城市先进文化、科技为己所用，又能做到对城市文化不盲目追捧和崇拜，用自己的智慧演绎农村独特的文化生活。

3.服务技能培训

乡村旅游地的居民一般既是乡村旅游经营者，又是乡村旅游接待的主体。虽然游客由于乡村旅游的特殊性对乡村旅游接待服务有一定包容性，但是要发展高水平的乡村旅游，良好地发挥乡村旅游的多种功能，必须做好对当地居民的培训这项基础性工作。对乡村旅游地居民的培训可以采取多种模式，如"政府＋农户""公司＋农户""旅游协会＋农户"等，广泛开展乡土文化、接待服务礼仪、经营技巧和必要的法律常识等方面的教育。例如，四川省在乡村旅游人才培训上取得了不错的效果。2010年，四川省旅游局制定了以乡村旅游培训为首的"新五大旅游行动"，设计了省、市、县三级联动，分级负责的乡村旅游实用人才培训方案，抽调旅游院校教师组建讲师团，在全省进行大规模"乡村旅游实用人才培训"行动。培训班所到之处深受当地老百姓欢迎，纷纷表示这样的培训就是雪中送炭。

（四）增强旅游者求知的主动性

1.注重旅游的教育体验

旅游是一种经历，是一种体验，是旅游者在异地的旅游活动中获得的一种综合的感受。随着体验经济的到来，越来越多的旅游者不再满足于吃喝玩乐的感官享受与走马观花式的观光旅游，开始注重旅游体验。派恩和吉尔摩在《体验经济》一书中把体验分为娱乐体验、逃避体验、教育体验和审美体验四种。其中，娱乐体验和逃避体验一般是旅游者参加旅游活动自然就会获得的；而审美体验需要旅游者具备一定的审美能力；教育体验对旅游者的要求更高，需要旅游者具有求知的主动性。自古以来，人们就提倡在旅游的过程中增长知识与阅历。而在当今全民整体素质都提高的背景下，我们更要注重在旅游过程中收获教育的体验。近年来，红色旅游因其突出的教育功能受到了社会各界的广泛重视，与之相比，乡村旅游的教育内容更加广泛，教育方式更加生动。乡村旅游既是一次娱乐之旅，又是教育之旅。只要游客认识到这一点，他们一定会收获不一样的教育体验。

2.重视旅游的社会教育作用

社会教育分为广义的社会教育和狭义的社会教育。广义的社会教育是指一切社会生活影响与个人身心发展的教育；狭义的社会教育是指学校教育以外的一切文化教育设施对青少年、儿童和成人进行的各种教育活动。在人类历史上，最早的教育就是通过社会教育实现的。在原始社会，氏族公社的成员们通过相互言传身教传递一些简单的生产、生活方式和经验，随着家庭教育、学校教育的出现，才形成学校教育、家庭教育和社会教育三种独立的教育形态。社会教育不同于家庭教育和学校教育，它的教育对象广泛、教育内容丰富、教育形式多样。社会教育在教育体系中起着独特又突出的作用，意义重大。旅游作为一种大家喜闻乐见的社会文化活动，能够满足旅游者多种教育需求，是对儿童、青少年及成人进行社会教育的有效途径。所以，广大旅游者要充分认识到社会教育的作用，特别是旅游的教育作用，提高自己主动求知的积极性，通过在旅游中主动求知，积极参与，通过寓教于乐、潜移默化、生动活泼的教育方式收获深刻的教育体验。

第三节　中国乡村旅游发展新走向之特色小镇

一、特色小镇的基础认知

（一）特色小镇概述

特色小镇是"非镇非区"的创新发展平台，它不是行政区划分单元上的"镇"，没有行政建制。特色小镇也不是产业园区的"区"，它不是单纯的"大工厂"，而是按照创新、协调、绿色、开放、共享的发展理念，聚焦特色产业，融合文化、旅游、社区功能的创新、创业发展平台。特色小镇不一定非要和旅游紧密联系。很多特色小镇都是以产业为主、旅游为辅。

特色小镇的产业一定要突出"特"而"强"。产业是小镇建设的核心内容。"特"是指每个小镇都要有信息经济、环保、健康、旅游、时尚、金融、高端装备等新产业，以及类似于茶叶、丝绸、黄酒、中药、木雕、根雕、石刻、文房、青瓷、宝剑等的主打产业，应该主攻最有基础、最有优势的特色产业来建设，而不是"百镇一面"、同质竞争。即便是主攻同一产业，也要差异定位、细分领域、错位发展，不能丧失独特性。"强"是指每个小镇要紧扣产业升级趋势，瞄准高端产业和产业高端。功能集成要紧贴产业，力求"聚"而"合"。产业、文化、旅游和社区四大功能融合，是特色小镇区别于工业园区和景区的显著特征。"聚"是指所有特色小镇都要聚集产业、文化、旅游和社区功能；"合"是指四大功能都要紧贴产业定位融合发展，尤其是旅游、文化和社区功能，要从产业发展中衍生、从产业内涵中挖掘，也就是说，要从产业转型升级中延伸出旅游和文化功能，而不是简单的相加，牵强附会、生搬硬套。

在打造特色小镇时除了产业支撑，首先，还要高"颜值"的形象。想发展旅游的特色小镇，至少要按照 AAA 级景区标准建设，其中以旅游产业为主的特色小镇要按 AAAAA 级景区标准建设。其次，特色小镇还需要气质"特"，要根据地形、地貌结合产业发展特点，做好整体规划和形象设计，保护好自然生态环境，确定小镇风格，展现出小镇的独特味道，原则上不新建高楼大厦。从长远发展来看，基于地方特色而塑造的特色小镇，将成为更符合新型城镇化要求的主题空间和促进地方城镇化的主战场。因此，特色小镇是地区风貌建设、经济发展、特色强化、人民乐业起标杆作用的基础项目。

（二）特色小镇的特征

1. 产业"特"

产业是小镇的核心。国家级特色小镇要求产业定位精准、特色鲜明。例如，浙江模式要求特色小镇是"特而强"，而不是"大而全"。产业特色不是脱离现实，一味追求与众不同，而是要在现有资源优势、产业优势和区位优势的基础上，发展具有地域特色的、适合当地发展的产业。人无我有，重点发展当地的特色产业，集群化、规模化、科学化地做大做强。人有我特，即使是相同的产业，市场定位、细分领域、产销模式都是会产生差异化、形成特色化的环节，要在不同的条件下走出不同的道路。

2. 文化"特"

文化是小镇的灵魂。特色小镇的文化具有更广泛的范围，不仅包括历史文化、传统文化及民族文化，还包括产业文化、社区文化等。特色小镇要注重对当地的历史传统文化及民族文化的挖掘和传承，因为这些文化内容本身丰富多彩，具有"千种文化有千般风采"的特点。小镇在定位、挖掘产业文化时要切合产业，从"特"字着手。文化是特色小镇的特色之魂，经过策划打造、推广宣传，能为小镇带来巨大的商业价值。

3.风貌"特"

风貌是小镇的名片。特色小镇讲究"精而美"，力求做到"一镇一风貌"。风貌是旅游者进入小镇的第一印象，切忌千篇一律，缺乏独特性。小镇建设要以生态和谐为准则，因地制宜，积极利用当地的地形、地貌；小镇的建筑格局要以小镇文化和地域特色为依据，重点关注小镇的功能布局，最大限度地体现小镇的本地文化和地域特色。

4.体制机制"特"

体制机制是小镇的保障。建设特色小镇是一项长期的、资金需求巨大的业态内容复杂的工程，依靠原有的政府主导模式难以实现，单纯依靠企业也很难进行。原则上，特色小镇体制机制的作用是为小镇的建设、运营把控方向，保驾护航。政府应引导并把控整体的发展方向，创造良好的制度环境；企业作为建设及运营主体，可以通过市场化的运作方式，结合自身优势，整合各方资源，决定建设及运营的各个细节；特色小镇的当地居民要对小镇建设运营进行公共监督。根据不同地区小镇的情况，当地政府要在制度、管理模式上做出相应创新，摸索出一套适合当地城镇发展的体制机制。

（三）特色小镇的类型

旅游小镇是指依附于某类具有开发价值的旅游资源，并以其为开发或旅游服务为主的小城镇，实质上就是以旅游产业为主导的特色小镇。国家"十三五"规划纲要中明确提出，要"因地制宜发展特色鲜明、产城融合、充满魅力的小城镇"，说明发展小镇旅游业是实现旅游业跨越式发展的一条重要途径。国内外旅游小镇主要分为以下几种类型。

1.资源主导型

资源主导型小镇是指自身拥有旅游资源成为旅游目的地的小城镇。以古镇为例，其本身就具旅游吸引力，含特色建筑、风土情调、民俗文化等，典型的有浙江乌镇。

2.旅游接待型

旅游接待型小镇是为前往景区旅游的游客提供住、行、食、购、娱等相关服务的小城镇，虽不在景区内，但自然生态环境良好，同时作为旅游集散地，具有独特的区位优势，如黄山汤口镇。

3. 行业依托型

顾名思义，行业依托型小镇是依靠某种特殊行业发展形成的旅游宜居小镇，有的以矿产为依托，有的以海港为依托，有的以会议旅游为依托等，如瑞士达沃斯小镇和中国海南博鳌旅游风景区。

4. 生态人居型

生态人居型小镇一般处于大中型城市周边，距离城区较近，本身生态环境优美，且以生态人居为发展特色，主要接待城市休闲居民。以成都龙泉驿区山泉镇为例，山泉镇地处誉满全川的龙泉山脉中西部，交通极为便利，全镇平均海拔900米，自然环境优美、人文景观丰富、文化底蕴深厚，是著名的水果之乡。

二、国内外特色小镇

（一）国外特色小镇案例分析

1. 美国

美国从20世纪70年代开始城镇化，并逐渐出现了城市中心衰落和郊区崛起的现象。低密、舒适的居住环境，独具风情的街区空间，恰到好处的地理选址，这些因素叠加催生了一批美国的特色小镇项目。美国在发展小镇时特别重视发挥规划的引领作用，在编制详细性修建规划的基础上，重视基础设施和公共服务设施建设，由开发商、地方政府和联邦政府三方共同为小镇提供建设资金。在建设过程中既注重各小镇特色和个性的塑造，又能在充分利用当地资源禀赋的同时兼顾生态环境建设，形成了以高科技为主要特色的硅谷，以零售游乐为主要特色的格罗夫小镇和以综合性乡村文旅休闲为特色的小镇纳帕谷等特色小镇。

2. 欧洲

早在1898年英国建筑规划大师埃比尼泽·霍华德就率先提出"小镇"概念，提出小镇会为城市居民提供较多的工作机会，提供阳光、空气等贴近自然和优雅的生活环境，在满足城市居民日常对农产品等消费需求的同时，还能为城市居民提供休闲娱乐放松的空间。小镇虽彼此分开但却又通过便捷、快速的交通互联互通，从而形成一个特殊的"社会化城市"，通过综合规划、突出特色，进一步实现了小镇的可持续发展，形成了像温莎这样充满皇室特点的小镇和约克这样富含历史古韵的小镇。而法国的特色小镇主要是按照不同地域特征和产业布局，将当地人文、艺术、建筑及工艺融入其中，从而勾勒出风格迥异的小镇特色，以此带动当地经济和文化的发展，如芳香小镇格拉斯、花园小镇蒙顿及素有"西欧小威尼斯"之称的科玛就是其中的典型。

3. 日本

日本的小镇建设起始于 20 世纪 60 年代开始的"造村运动"，即通过对乡镇资源的综合化、多目标和高效益开发，增加农村人均收入，改善生活居住环境。现今日本农村的生活品质得到了提升，居住环境得到了改善，社会经济获得了良好的发展，既保护了传统自然生态景观，又保护了历史文化资源，更促进了乡村住宿、休闲旅游等相关产业的蓬勃发展。同时，政府注重整合和发挥地方资源优势，以"一村一品"来实现特色小镇的持续发展，即在以村为基本单位的一定区域范围内，根据国内外市场需求特点，充分发挥本地资源禀赋优势，大力推进标准化、规模化、市场化、品牌化建设，使一个或几个村拥有一个或几个区域特色明显、市场潜力较大、附加值较高的主导产业和产品，以振兴农村发展。"一村一品"包括但不仅限于农产品，也涵盖包括文化遗产、地方庆典等在内的多种旅游文化资产项目，如大分县汤布院镇就是以温泉为依托的特色小镇，而位于福岛县大沼郡的三岛町小镇则是以传承和创造文化的行为为特点、以生活工艺运动为载体的特色小镇。

总体来看，国外许多特色小镇的产生和延续绝非偶然，而是经过数十年甚至更长时间的积累演变所形成。这些形态各异、特点不同的特色小镇存在和持续发展的原因是以产业为坚实基础和强大动力。特色小镇的独特产业是其得以发展并赖以维系的核心，而形成产业的基础是人。国外特色小镇的人口数量虽然仅在数万到十余万之间，但真正夯实产业基础、激活内生动力的人不在多而在于精和专。没有高质量的人力资源，即使地理位置再优越，自然条件再突出，仅靠十几万普通乡镇居民也无法形成特色产业，而此时政府做出的各项规划、出台的各种有利政策和条件也正是众多人才被吸引汇聚到小镇的重要外部因素。

（二）国内特色小镇案例分析

我国的特色小镇发展自 2014 年浙江省率先提出"特色小镇"概念开始，到 2016 年 7 月住房和城乡建设部、国家发改委以及财政部三部委联合发布《关于开展特色小镇培育工作的通知》和当年 10 月住房和城乡建设部公布第一批 127 个中国特色小镇名单时进入蓬勃发展阶段。经过几年的探索，各地的特色小镇建设都有一些独特的发展经验。

1. 浙江省

作为首个提出"特色小镇"概念的东部地区发达经济省份，浙江省特色小镇发展具有得天独厚的地理条件和雄厚的经济基础优势做保证。截至 2019 年，全省共有 23 个中国特色小镇、22 个省级命名特色小镇、110 个创建特色小镇和 62 个培育特色小镇。从产业发展类型看，这些特色小镇在聚焦新兴产业的同时兼顾传统产业，涉及驱动新经济的七大产业，如高端装备制造类、经济信息类、时尚类、金融类、环保类、大健康类和旅游类，如余杭梦想小镇以信息产业为特色，西湖区玉皇山南基金小镇以基金产业为特色，杭州云栖小镇则以互联网云产业为特色。而一些以旅游为主导产业的特色小镇在发展旅游业的同时，充分依托当地资源禀赋优势，创出茶叶、中药、丝绸、青瓷等特色产品，创建了磐安江南药镇、龙泉青瓷小镇、定海远洋渔业小镇、安吉天使小镇等。从主体地位看，突出企业作为建设主体的地位，明确政府与市场的关系，在创建初期借助政府主导公共服务配套设施和基础设施建设，通过政策引导、资金补助和税收优惠等形式撬动社会资本，推进小镇建设。从支撑体系看，实施创新驱动发展战略，为当地提供人才储备、智力支撑和科技保障，出台各种吸引高端人才的政策，给予薪金补贴并为其配套高水平教育、医疗和居住环境，同时通过各种创新券、租房补贴等方式，吸引大学生和年轻创业团队进驻。特色小镇的发展离不开科研投入，全省有 29 个小镇与 196 所高校及科研院所建立了技术合作关系，特色小镇入驻的高新技术企业达到入驻企业总数的 15%，研发人员占人员总数的 20%。据统计，2018 年全省特色小镇总产出 8741.9 亿元，上缴税收 582.1 亿元。可以说，浙江省率先且高效地实现了小镇撬动大投资，小镇培育大产业，小镇支撑大平台。

2. 四川省

四川省的特色小镇在发展类型上，则主要呈现"3+N"的特色，其中"3"是特色工业，而"N"是衍生出的生态宜居、文化创意、科技教育等各种主题。四川省已创建了三批 120 个省级特色小镇，还有 20 个特色小镇获批中国特色小镇。四川省的特色小镇建设根据其产业优势、人居环境、空间结构、地域特色的不同情况，推行"一镇一规"，因地制宜。其中，成都市郫县德源青蓉小镇以"绿色、环保、生态"的景观风貌，完善公共服务方面配套，畅通交通体系，实现城乡联动，多规合一；新都区以统筹城乡发展、实现共建共享为目标，以特色小镇和田园综合体建设为重点，结合不同区域特点、生态环境和产业基础，在 2~3 平方千米的区域内强化基础设施配套和完善公共服务，实现特色产业集聚，同时积极引进 IT、文创、电竞、民宿等新业态，推进产业功能拓展，并由此打造了天府沸腾小镇、乡村音乐小镇和尖峰运动小镇等多个特色小镇；崇州市白头镇五星村则以良好的生态环境为基础，以粮油产业为重点，促进农业规模发展，形成了 2000 多亩的优质粮油基地、500 多亩稻田综合种养基地和 100 亩草莓种植基地的稻香小镇。同时，四川省特色小镇推进产业深度融合，大力发展休闲农业和乡村旅游，形成农业观光带，实现农田景区化，建设新型农村社区，展示良好村容村貌，吸引文创、餐饮、民宿项目的进驻，从而创建了以现代农业为引领、"三产"融合发展的特色小镇发展模式，拓展了农业农村的经济发展空间。

3. 陕西省

陕西省特色小镇建设是依托当地悠久的历史文化、多元的小镇发展形态、丰富的旅游资源与地质能源资源等开展的，当地以城乡产业协同发展平台为载体支撑，实现农业全产业链发展，促进小农和现代农业发展有机衔接。陕西省的特色小镇主要应用建制镇模式，以咸阳市杨凌区五泉镇为例。该镇依托杨凌示范区农科教优势，将现代农业作为主导产业，以科技兴农、特色富农、产业强农，按照"产学研融合、育繁推一体化、种销并重"的发展思路，布局"南菜、北果、中工商"，以龙头企业、家庭农场等新型经营主体为引领，以"政府组织、企业拉动、基地示范、多方配合、农户参与"为手段，构建"三产"融合的特色产业体系，实现农业高效发展和增值发展。

4. 山东省

山东省拥有深厚的历史文化底蕴、秀美的自然生态环境和雄厚的产业经济基础，其以此实现特色小镇发展。当地先后实施了"百镇建设示范行动""示范镇提升行动"，出台了《山东省人民政府关于开展"百镇建设示范行动"加快推进小镇建设和发展的意见》等促进特色小镇发展的政策措施，并始终强化规划引领，要求各类特色镇编制相应的专项规划，省级示范镇建设成区编制详细规划，并设立行政编制的乡村规划建设监督管理办公室对小镇建设进行日常管理，通过加大资金和土地方面的政策扶持力度，为小镇建设提供有力保障。山东省列入全国特色小镇 22 个，省级特色小镇 109 个。当地政府统筹资金，积极支持创建工作，并将资金用于规划设计、设施配套和公共服务平台的建设中，同时，构建考核指标体系和引进第三方评价机构进行评价，实行动态管理，为特色小镇发展提供了体制机制保证。

通过对国内外特色小镇发展的特点和案例进行分析与了解，可以看出，特色小镇的有序创建和持续发展，需要充分依托当地资源禀赋优势和历史文化传统，发掘比较优势，加大宣传力度；需要规划引领先行，突出特色，合理布局；需要充分调动政府、企业、科研院所和高校以及各种主体的积极性，吸引科技、人力、财力、物力等要素资源，实现包容发展、融合发展和共享发展。

三、特色小镇发展现状

我国特色小镇建设从整体来说，东部地区发展快于西部地区，大城市快于中小城市，城市郊区快于乡镇农村。住房和城乡建设部、国家发改委、财政部三部委提出建设特色小镇原则上是"建制镇"，但从全国特色小镇的发展现状来看，特色小镇分为"非镇非区"模式、"建制镇"模式、两种模式兼具三种，既可以是行政建制镇，也可以是非镇、非区、非园，或是两者结合的综合产物。

地方各省、市特色小镇中，以"非镇非区"模式创建的有浙江省、福建省、河北省、山东省等；以"建制镇"模式创建的有贵州省、甘肃省、安徽省、辽宁省、内蒙古自治区、四川省、广东省、重庆市等；江西省则兼具以上两种模式。下面从特色小镇的概念、创建目标等角度来说明部分省份不同的创建模式。

（一）"非镇非区"模式

1. 浙江省

我国特色小镇发展模式起源于浙江省。浙江省在培育特色小镇方面沉淀了深厚的基础。浙江省提出的"八八战略"认真总结了浙江省的体制机制优势、区位优势、块状特色产业优势、城乡协调发展优势、生态优势、环境优势、山海资源优势和人文优势八大优势，同时制定了面向未来发展的八项举措。"八八战略"为浙江省特色小镇的持续良好发展提供了理论基础和方向。

概念："浙江模式"的特色小镇相对独立于市区。"非镇非区"区别于行政区划单元上的一个镇，也不是产业园区的一个区。浙江省按照创新、协调、绿色、开放、共享的发展理念，将小镇打造成产业定位明确、文化内涵丰富、旅游及社区功能完备的发展空间平台。

发展基础：培育和规划建设特色小镇是浙江省人民政府工作的重点。浙江省的每个特色小镇几乎都有自己的特色产业集群。在地域文化因素上，浙江省交通便捷，人杰地灵，拥有浓厚的吴越文化，名胜古迹丰富，风景优美，具有独特的优势；在经济基础上，浙江省的经济发展水平一直居于各省前列，产业有相当雄厚的根基和规模，市场经济发展成熟，有着强大的经营团体、丰富的运营经验、雄厚的资金后盾。浙江省特色小镇的出现与其良好的发展是天时、地利、人和的结果。

创建目标：2015 年浙江省分批筛选创建对象，力争通过 3 年的时间在信息、环保、健康、旅游、时尚、金融、高端装备制造等领域培育创建 100 个左右产业特色鲜明、体制机制灵活、人文气息浓厚、生态环境优美、多种功能叠加的特色小镇。截至 2021 年，浙江省已有 127 个镇被国家发展改革委、财政部认定为中国特色小镇。

2. 福建省

概念：福建省创建的特色小镇区别于建制镇和产业园区，是具有明确产业定位、文化内涵，兼具旅游和社区功能的发展空间平台。

创建目标：加快规划建设一批特色小镇是经济新常态下推进供给侧结构性改革和新型城镇化的战略选择，也是推动大众创业、万众创新和加快区域创新发展的有效路径，有利于加快高端要素集聚、产业转型升级和历史文化传承。

3. 山东省

概念：山东省创建的特色小镇是区别于行政区划单元和产业园区，具有明确产业定位、文化内涵、旅游特色和一定社区功能的发展空间平台。

创建目标：到 2020 年，创建 100 个左右产业上"特而强"、机制上"新而活"、功能上"聚而合"、形态上"精而美"的特色小镇，成为创新创业高地、产业投资洼地、休闲养生福地、观光旅游胜地，打造区域经济新的增长极。但截至 2021 年，山东省特色小镇经规范后被纳入省特色清单的小镇仅 93 个，尚未达成预定目标。

4. 河北省

概念：河北省创建的特色小镇不是行政区划单元的"镇"，不具有镇一级行政管理职能，也不是产业园区、景区的"区"，而是按照创新、协调、绿色、开放、共享的发展理念打造，具有明确产业定位、文化内涵、旅游业态和一定社区功能的发展空间平台。

培育目标：2018 年，河北省发展和改革委员会发布《河北省特色小镇规划布局方案》，表示到 2022 年，河北省力争培育创建 100 个左右产业特色鲜明、人文气息浓厚、生态环境优美、功能叠加融合、体制机制灵活的特色小镇。

（二）"建制镇"模式

1.辽宁省

概念：辽宁省创建的特色小镇是以创新、协调、绿色、开放、共享为发展理念，以乡镇现有产业为基础，以因地制宜、分类指导为原则，以稳增长、惠民生为目标，以坚持产业定位、壮大乡镇经济、突出特色发展为主线，以创新体制机制为重点，以建立健全省、市、县三级工作机制为保障的具有一定产业基础、地域风情浓厚的特色乡镇（含国有农场、林场）。

创建目标：2016年，辽宁省省政府提出到2020年力争规划建设50个产业特色鲜明、体制机制灵活、人文气息浓厚、生态环境优美、多种功能叠加的特色乡镇，培育新的经济增长点，推动新型城镇化建设，促进城乡统筹协调发展。但从辽宁省所公布的两批特色小镇名单来看，仅有13个小镇符合要求。

2.甘肃省

概念：甘肃省创建的特色小镇是按照创新、协调、绿色、开放、共享的发展理念，以打造特色业态为主导，产业定位明确、市场要素集聚、管理机制创新、生产生活生态统筹布局的综合性发展平台。

创建目标：2016年甘肃省印发了《关于特色小镇的指导意见》，意见指出力争通过3年的努力，在全省范围内初步建成一批特色鲜明、绿色低碳、功能完善、产业集聚开放包容、机制灵活、示范效应明显的特色小镇。2022年《甘肃省特色小镇创建清单的通知》指出，在各地推荐的基础上，经报请省政府同意，认定兰州市西固区河口黄河风情特色小镇等11个特色小镇并纳入《甘肃省特色小镇创建清单》。

（三）两种模式兼具模式

江西省特色小镇兼具"非镇非区"和"建制镇"两种形态。

概念：江西省创建的特色小镇主要指以某种产业为特色，既有城市功能，又有乡村风貌，大小适宜的人口聚集区，主要包括以传统行政区划为单元的建制镇和不同于行政建制镇、产业园区的创新创业平台两种形态。

创建目标：2018年12月，江西省委、省政府印发《江西省乡村振兴战略规划（2018—2022年）》，规划强调要因地制宜发展特色鲜明、产城融合、充满魅力的特色小镇和小城镇，并提出到2022年全省要创建省级特色小镇100个左右。

四、特色小镇发展趋势

（一）由数量型向质量效益型增长转变

我国自2016年实施特色小镇、"千企千镇"工程和"双十双百"工程建设以来，国务院多个部委和全国各省、市都在积极出台相关政策措施。特色小镇作为未来城镇发展中的重要招商引资载体平台，各地几乎都已出台相应的特色小镇指导意见或实施方案。在政策的推动下，全国上下积极开展培育特色小镇的探索尝试，加快了特色小镇的建设。

从整体看，虽然大部分地区培育创建特色小镇尚处于起步阶段，但是各方参与特色小镇建设的热情高涨。特色小镇在全国发展势头迅猛，预计未来几年将迎来快速发展期。

特色小镇未来的发展势必迎来战略性的调整。我们应该清楚地意识到，特色小镇建设要以发展产业为主线，在"特"字上做文章。特色小镇建设不能盲目追求速度和数量，更应适应国内小镇发展新阶段的要求，根据当地区域特色的人文、区位、产业优势，顺势而为进行建设，以市场为导向，由数量型向质量效益型转变，增长方式由粗放型向集约型转变，从快速发展向持续健康发展转变。

（二）人口、产业迅速向城郊重镇聚集，新型城镇化发展加速

特色小镇作为破解城乡二元化发展的新突破口，正扮演着越来越重要的角色。随着乡村振兴战略的实施，国家在政策上强调优先向扶贫重点区域和相对贫困人口倾斜，加上大型城市的功能及产业对外转移，人口逆城市化流动趋势的出现，人们开始倾向于生活在基础设施和服务设施完善、环境优美的中小城镇中。

特色小镇的建设进一步加快了我国农村人口向城镇转移的步伐，不仅疏解了大城市功能，还能快速地提高城镇化水平，同时，人口就业构成也会随之发生变化。乡镇的企业由低端向高端转型，农民开始向工人转型或是兼顾农民和工人的双重角色，小镇的经济社会发展水平得到全面提升。从区位范围来看，特色小镇的建设很大程度上分担了一部分城市的居住和休闲功能，减轻了中心城市的压力，有利于提升新型城镇化的发展水平，促进新农村建设，缩小城乡差距，解决人口就业、城乡公共资源分配不均等问题。从当地社会来看，有利于加快农村乡镇产业的发展聚集，以及基础设施、公共服务设施、相关配套服务设施水平的完善。

特色小镇、小城镇建设大有可为，不论是促进经济转型升级，还是新型城镇化建设，都具有重要的意义。未来特色小镇将是市县区域经济增长的主战场。

（三）传统产业结构转型升级

从浙江省提出建设特色小镇的理念后，浙江省省内的大批传统小镇、产业园区发展就焕发出新活力，取得了瞩目成就，为我国供给侧结构性改革、传统产业结构转型、新型城镇建设提供了新思路和优秀范例。

以艺尚小镇的产业转型为例。小镇位于杭州市临平区临平新城核心区，历史上就是闻名在外的"丝绸之府"，被称为中国布艺名城。该地区一直是风行国内市场的"杭派女装"的重要加工生产基地。随着市场低迷、成本上升、线上平台冲击等的影响，传统服装行业面对转型升级、技术创新的巨大压力。"十三五"期间，浙江省以"特色小镇"为抓手，重点发展时尚产业，而地处临平新城的艺尚小镇应运而生。正在建设的艺尚小镇，以区域特色产业即时尚服装产业为切入点，依托电子商务开拓销售渠道、智能化设计生产、品牌化管理运营，以"时尚+"的模式实现多方的共融互通。自艺尚小镇启动建设到2019年年底，共累计完成投资超100亿元、引进千万级营业收入客商数百家、导入创业型人口3万左右。2019年，全年实现营收138亿元，税收6.4亿元。

没有产业支撑的特色小镇不可持续。特色小镇只有以特色产业为核心，主导产业突出"特而强"，才能避免昙花一现。通过集聚产业链上下游、多产业融合发展，既避免了全国其他地区特色小镇产业的同质化，又能集中各方力量打造优质高端、竞争力强的产品，同时能带动当地旅游、文化、居民社会生活的发展，促进产业升级转型。这样的特色小镇才是有人气、有活力的，才是可持续发展的。

（四）特色小镇智慧化升级

特色小镇智慧化升级是一种可预见的趋势。"互联网+"模式为资源短缺的特色小城镇解除了多方面的限制。使城镇融入数字化、网络化、智能化、信息化等新一代科技信息是创新互联网时代下发展的新业态。特色小镇的建设要顺应历史趋势，以信息化改造升级传统动能，探索发展新体制、新机制、新技术、新融资模式、新资源配置方式和新商业模式。

充分利用互联网信息技术平台，更大范围内统筹配置创新资源，促进农业、加工、销售、贸易、售后等相关产业的融合发展，形成特色鲜明的产业形态，把小城镇打造得更特、更精、更强。推动传统产业数字化、智能化、网络化转型升级，利用互联网进行改造或再造产业流程、供应链条、管理流程，使各类资源得到优化配置。例如，利用互联网、大数据的智能技术改变特色小镇的运行模式。通过把智能技术的管理功能、服务功能、营销功能等运用于小镇的开发运营当中，如行业监管、数据采集、市场分析、在线预订、网络查询、电子导航、在线销售、客源分析、跟踪服务、宣传营销等领域。

智能化、数据化的发展速度远超我们的想象。为适应时代的发展潮流以及促进多产业转型升级、融合发展，小镇应以市场为导向，把散落各处的产业碎片重新整合，丰富产品形态，提升产业的附加值，前后端拉伸产品链条，增加盈利环节，打造成满足市场需要、满足顾客需要的新业态。

第四节　中国乡村旅游发展新走向之乡愁旅游

在物质文化不断丰富的今天，乡愁已成为引领人们脚步的影子，人们渴望"乡愁"情感及记忆落地。人们希望通过旅行过程及对旅游目的选择找回自己在特定时空条件下的物质与非物质的记忆——乡愁。在此条件和背景下，一种新型的旅游需求——乡愁旅游出现在旅游者的旅游需求动机中。寻找乡愁、发现乡愁、留住乡愁、享受乡愁，成为现阶段的一种旅游时尚。

要满足旅游者新兴的旅游需求，与消费市场对应，就需要有满足乡愁旅游需求的产品，有供旅游者选择的旅游目的地。那么乡愁旅游该如何发展，其发展路径何在，本节主要从乡愁内涵出发，分析、探索乡愁旅游发展的路径。

一、乡愁旅游的综合认知

（一）关于乡愁

1.乡愁的出现

关于乡愁，没有确切的解释。《辞海》关于"乡"的解释是：乡是我国农村的基层行政区域，相传乡制始于周代，秦、汉时期乡属于县，以后历代相沿，乡泛指城市以外的地区，如回乡、下乡，也解释为处所、地方，出生地和家乡。对"愁"则是如此解释：愁为忧愁，形容景象的惨淡。"乡愁"二字在《辞海》中未做解释。

"乡愁"一词最早出现在文学作品中。最著名的文学作品当属余光中抒情诗《乡愁》。何谓乡愁，余光中如此解释："所谓乡愁并不仅是地理的，也是历史的。并不是说回到你的乡，回到那一村一寨就可以解愁的，乡愁往往是历史的沧桑感和时间的沧桑感在其中。小时候的游伴散掉了，屋前屋后的树可能不见了，也是一种乡愁啊。有一种乡愁因为离开故乡而愁；有一种乡愁是因为故乡改变了而愁。时间的乡愁是每个人都避免不了会有的。"

2. 乡愁的内涵

乡愁的"乡"本身就是一个地理概念，同时乡愁的物质承载客体，如山川植被、老屋邻里不仅依托地理空间，同时还打上了时间的烙印，在特定时空条件下形成特定记忆——乡愁。乡愁的"愁"是在物质基础上形成的一种精神感受，一种文化。因此，乡愁是物质的，更是精神的，是精神文化层面的情感代码。因此，笔者认为乡愁构成涉及四个维度，即地理、历史（时间）、文化和心理维度。

乡愁因乡土而生，乡愁有个人的乡愁，有群体的乡愁，还有整个民族的乡愁。乡愁是忧伤的，也是温暖的；是怀旧的，也是美丽的。乡愁根植于人内心，它最为明显地反映在故土情怀上，可以细分为异域乡愁、乡村乡愁和城市乡愁，甚至可以指向某个时段脑海中某一道难以抹去的印记。乡愁浓缩了一个地方的生活，是人的家园意识的具体体现，是文化认同的情感投射，是铭刻历史的精神坐标，是复返童真的心灵慰藉。

3. 乡愁的构成要素

在文学作品和公共生活中，乡愁的内容丰富，但具体的构成要素却是稳定的，在笔者看来，大致可以分成三大部分：故乡地理、文化记忆和生态环境。

（1）故乡地理

每当看到"乡"这个字，人们往往联想到家乡、故乡、乡村，甚至故土等词语，这便是人们心里潜在的乡愁。乡愁，是一种心理活动，但它往往落脚于故乡的草木风景、建筑风土、美食故事等元素上。

（2）文化记忆

从人生的进程来看，乡愁往往是成年人的专利。因为，只有经过时间的洗礼，成年人才会意识到自己正在经历时代的变迁，而自己不仅仅是时代的见证者，也是时代的推动者。狄更斯说："这是一个最好的时代，也是一个最坏的时代；这是明智的时代，这是愚昧的时代；这是光明的季节，这是黑暗的季节；这是希望的春日，这是失望的冬日；我们面前应有尽有，我们面前一无所有。"改革开放40多年来，我们见证了生产力的发展，摩天大楼平地而起，物质的极大丰富，科技改变世界的力量。但在城市生活越发便利的同时，我们不曾忘记乡村意味着泥土芬芳、鸟语花香、炊烟袅袅；意味着黄发垂髫、怡然自乐。乡村是浪漫的乌托邦，是归隐的田园梦。以徽派建筑为代表的传统乡村风貌，给旅游者传递出安宁、平和等中国传统农耕文化特有的精神气息。这种乡村的情结，以乡村旅游的形式吸引着都市人，去追寻并验证"心里的那个乡村"，驱使着都市人一次次前往乡村旅游。

（3）生态环境

在乡村空间与城市空间的转换中，最直接的变化是乡村自然生态环境的转换。调查表明，新鲜空气与绿色植物是英、法两国乡村旅游者特别看重的乡村元素之一。中国学者张文祥、刘昌雪等人在不同的研究中均得出了乡村田园风光是推动乡村旅游的主要因素之一。现在乡村相比城市而言，乡村地区的生态环境有更多的自然元素，是更适宜生活的生态环境：没有并排的高楼遮挡清晨的第一缕阳光，没有水泥混凝土覆盖脚下的黄土地，没有工业园赶走原本盛开的油菜花海，没有灰色雾霾笼罩纯粹的白云蓝天，没有刺眼的光线污染布满繁星的夜空。乡村的生态环境不是一草一木，不是一个池塘、一条小河，而是由它们共生而形成的区别于城市的空间生态环境，成为旅游者心中最柔软的记忆。

（二）乡愁与旅游

乡村旅游业作为一项以乡村风光和乡村文化为核心卖点的第三产业，与乡愁保留有着天然的良性互动关系。纵观当今乡村旅游业发展较好的地区，无疑都是保留和传播了其乡村特质，给来自都市的游客提供了抒发乡愁的寄托。

1.乡村旅游与乡村生态治理

对于乡村旅游者而言，乡村地区是短暂的非惯常环境，其优美的自然景观和生态环境是吸引都市人前来的首要因素。随着乡村旅游的较快发展，越来越多的游客进入乡村。经过30多年的旅游实践，我国部分乡村地区的自然环境保存良好，旅游业发展十分喜人，如四川九寨沟地区是生态治理与乡村旅游结合的典范。

2.乡村旅游与乡村文化传承

游客到乡村进行观光游览活动，不仅是为了欣赏乡村地区的自然风景，也有很大一部分是为了感受乡村地区的文化景观。对于游客而言，其体验乡村文化，不仅是在乡村博物馆里看看过去的器物或照片，旅游经营者还应当将乡村文化深度融入游客"食、住、行、游、娱、购"的全过程，将乡村的传统生活方式真实地复现在游客面前，并且让游客参与进来，产生融入其中的"真实感"。

乡村旅游由于其综合性和带动性，一直被认为是乡村文化向产业化方向发展的良好途径，同时，也有许多历史悠久的村寨直接成了热门的乡村旅游地。例如，江西篁岭乡村旅游的发展，得益于当地乡村文化资源，但也是对乡村文化展示的创新和传承，才更好地发展了乡村旅游。当地的旅游集市，不是模仿外地的酒吧、特产、烧烤等店铺，而是恢复了传统的茶坊、酒肆、书场、砚庄、篾铺等当地特色的店铺；在民俗文化上，用婺源民俗展览、当地风情摄影、女子写作营等特色项目，为游客提供阅读、摄影、写作等能够深入感受、学习、传播当地特色文化的途径；在建筑风格上，修复古村落建筑，邀请传统建筑工匠指导当地居民，发扬传播"婺源三雕"等传统工艺；在节事活动上，当地会不定期举办电影、摄影、绘画等文化艺术节庆活动，甚至有晒秋等传统文化节庆活动。篁岭乡村旅游的发展，不仅是经济的发展和对游客文化体验需求的满足，也是对当地乡村传统文化的传承和复兴。

3.乡村旅游与乡村社区居民参与

乡村旅游与其他农业产业相比，可以吸纳大量的劳动人口就业，同时不影响其原本的农业、手工业生产，有利于拓宽乡村社区居民的收入来源，提高乡村社区居民的收入水平。因此，乡村地区发展旅游业，不仅仅是一项经济事业，更是一项社会事业，可以有效留住乡村居民。例如，北京市密云区北庄镇干峪沟村，曾经由于区位偏僻、交通不便、产业落后，有半数以上村民被迫离乡，常住人口不断下降，村庄空置率较大。2013年，在当地政府主导下成立了旅游合作社，村民将房屋、土地和果林委托合作社统一经营，自己则通过合作社获得与旅游相关的工作岗位。合作社以公司的形式，开展市场化运作和效益核算，在付给村民土地租金和工资的基础上，还按股份进行效益分红。许多在外务工的村民看到村里的发展，纷纷返乡参加合作社，因此，干峪沟村的常住人口又多了起来，村容、村貌重新焕发生机。同时，农业手工业的生产能够树立和保持乡村居民的文化自觉性和文化自豪感，这样他们便能够更积极主动地参与地方文化保护与建设中。在乡愁的构成要素中，有村民的地方才是真正的乡村，即"人"才是"乡愁"的主体与核心。

二、乡愁旅游的概念与内涵

（一）乡愁旅游的概念

乡愁旅游虽然是近两年才提及的一个新词，但实际上早已存在，即传统的探亲、寻根和祭祖等形式。随着社会经济的发展，乡愁的概念已经发生变化，乡愁旅游的范畴也随之扩大，但鲜有相关研究出现。通过在知网查询，仅有两篇文章是与乡愁概念直接或间接有关的。宁志丹等人以武汉市石榴红村为例，探讨了乡村旅游者乡愁体验对满意度的影响研究，将乡愁体验归结为"乡景观赏""乡味体验""乡情寄托"。窦志平等人认为乡愁旅游是人们为了找回自己特定时空条件下的物质与非物质记忆而产生的一种新型旅游需求。

当前，乡愁被重新唤起，引起了整个社会的共鸣，并成为当下的一种潮流，乡愁也被赋予了更多的意义，除了对家乡的思念之情外，也是对逝去岁月的追忆、留念和缅怀，更是对历史传统文化的坚守和继承。因此，从这个意义上看，乡愁旅游可以理解为是一种基于乡愁情结的旅游形式，它是旅游者因对家乡、逝去岁月和历史传统文化的眷念而产生的一种旅游行为，它既包含探亲、祭祖、寻根之类的旅游形式，也包含知青旅游、同学会旅游等追忆往昔岁月的旅游形式，还包含一切以历史传统文化为主题的旅游形式，如古村落古镇旅游、历史文化名城旅游、历史文化街区旅游、民俗文化旅游和地方特色文化旅游等。

（二）乡愁旅游的内涵

第一，乡愁旅游的场所既在乡村，也在城市。业界和学界均认为乡愁旅游就是乡村旅游，乡愁旅游的载体就是广大的乡村地区。这是因为我国的乡村地区保留了中国人梦想中的田园感、乡土感和原生感。但实际上，乡愁之"乡"，不仅指农村，它是家乡、故乡的泛称，也包括了城市。乡愁，不仅是乡下人的情结，只要离开家乡的游子，包括城里人都会有。城市与乡村一样，都是乡愁的附着之地。乡愁旅游除了指乡村旅游外，还应包括城市旅游。

第二，乡愁旅游不是要真的回到过去的生活，而是对过去生活中的美好情感的体验。乡愁是人的内心深处对过往生活的一种精神依恋，但这种精神依恋并不认为过往的生活一定好于现代的生活，即重新回到过去的生活或过去的生活方式，而是对过去生活中所具有的美好、温暖、安宁、稳定和充满希望这种状态的一种追求，也是对美好生活的一种向往。乡愁旅游，不光是住在具有怀旧感的房子里，吃着当地传统的饮食就够了，最重要的是体验到过往生活或岁月中的那种美好的情感。正如有人说的那样"我们怀旧，不是真想回到过去，只是希望回答自己，怎样找回奋斗年代那种一往无前的意气风发！"只有看到了乡愁背后的这种期待，乡愁旅游才会走上一条正确的"记得住乡愁"的道路。对于情感的体验，邹本涛认为温馨与慰藉是乡愁旅游永恒的主题。虽然任何旅游活动中都会伴生温馨和慰藉要素，但这些情感的类型、比重和强度是存在显著差异的，这是乡愁旅游与其他旅游形式的不同之处。因此，在乡愁旅游产品的设计中要更加注重旅游者乡愁情感的表达、寄托和回归，追寻情感的释放和心灵的滋养，帮助旅游者构建自己的情感家园，寻找他们自己的感情归属。

第三，乡愁旅游不仅要获得心灵慰藉，更要让人重拾生活的动力与信心。心理学认为，回忆过去的美好情景、人与事是一种自我情绪调节的机制，有助于更好地抵抗负面情绪。可见，乡愁具有抚平浮躁、孤独、不安并赋予力量的作用。正如邹广文所说，"在对乡愁的回味中，确认了自己的身份，找到了归属，更感受到了本民族的文化体温，感受到了生生不息的生命涌动，并渐渐涵养出我们走向未来的勇气与信心"。因此，乡愁旅游不仅要为旅游者提供欣赏风景、追忆美好往昔、获得精神慰藉，还要提供能使他们在这里休养生息后重拾生活信心和动力的旅游产品。对于乡村旅游而言，就不只是提供"住宿＋餐饮＋简单的采摘体验"；对于城市旅游而言，也不能只提供"参观历史文化遗址"这类简单的活动，还必须兼具"修＋养"的功能。乡村旅游一方面要为旅游者提供一种原真性的乡村生活体验，创造一种原生态的乡村生活方式；另一方面应当因地制宜地利用乡村的自然环境来开展丰富多彩的活动，如以垂钓、泛舟、漂流为代表的水上活动，以探险、攀岩、狩猎为代表的体育运动，以观察动物、写生、摄影为代表的休闲活动，以播种、收割、放牧、采摘、酿酒为代表的劳作活动，以及为儿童提供饲养动物、捕鱼、放风筝、制作陶艺等活动。城市旅游一方面要注重对整个城市文化景观的立体空间布局，营造出浓郁的文化氛围，创造出一种别具特色的，既传统又现代的城市生活方式；另一方面要提升与扩展城市的休闲功能，为旅游者提供各种休闲活动，如以参观博物馆、图书馆、美术馆、创意园区、访问历史遗迹和传统社区、品尝地方美食等为代表的文化艺术活动，以徒步、自行车等为代表的体育活动，以看电影、听音乐、逛公园等为代表的娱乐活动等。城乡通过开展这些丰富多彩的休闲活动，让旅游者在这些活动中休闲放松、增进关系、了解自然、了解社会、挑战自我，充分体验到乡愁旅游的温暖、充实、愉悦、自信、自豪的感受，从而获得不断追寻人生理想，实现美好愿望的动力。

第四，乡愁旅游是一种地方感体验旅游，尤其是对地方特色文化的体验。简单地将乡愁中的"乡"理解为故乡或家乡是一种狭义的认识，因为仅从地理视角上来理解"乡"。实际上，从文化角度来看，乡愁中的"乡"还有"乡土味"的意思，即"地方感"。华裔美籍地理学家段义孚在他的《恋地情结》一书中提出"地方感"一说，认为地方感是人与地方的互动之物，它是人精神和情感的寄托，给予人安全感和归属感，可构建身份，亦可形成地方认同。因此，从这个意义上讲，乡愁体验也是一种地方感体验，尤其是对能构建出地方感的地方特色文化的体验。无论城市和乡村，每个旅游地都承载着或多或少的乡愁，虽然其具体的表象不同，但它们都具有一个共同点，那就是带有鲜明的地域符号，能显著区别于其他地方的、独具特色的文化标识。在乡愁旅游中，要特别注重游客与当地社区和当地人的互动，要全方位地向游客展示传承在他们身上的地方记忆、地方手艺、地方风俗和地方情感，满足游客体验乡愁的需求。各旅游地应结合本地实际情况，深挖地方特色文化旅游资源，推动地方特色文化与创意和科技手段的融合，使地方特色文化旅游项目既能反映出历史文化的真实面目，给人以启迪，又能满足游客的消费喜好，对于发展乡愁旅游具有十分重要的意义。

三、乡愁旅游发展路径研究

（一）乡愁旅游资源利用

发展乡愁旅游，首先要有依托的"资源"，也就是要有乡愁旅游发展的基础和能被旅游消费者接受的吸引要素。

一百个人有一百种乡愁，作为发展乡愁旅游可利用的资源极为丰富。如前文所述，涉及四维度的乡愁所形成的旅游资源同样涉及四个维度，能为乡愁旅游发展所利用的资源要素超越了传统旅游资源的概念。作为乡愁旅游发展基础的乡愁旅游资源从维度上至少可分为四个大类：自然地理要素类、历史（时间）要素类、文化要素类和心理要素类。每一个大类又分为若干亚类，每个亚类还可根据地域特色分为若干小类，每个小类有不同的承载或传承方式。因此，发展乡愁旅游，需要对区域旅游资源进行系统分析，并对乡愁承载及传承方式做深度研究，分析其吸引要素，测算出吸引力，提出利用方式及保护途径。

（二）旅游地建设中融入乡愁要素

乡愁旅游中的"乡"可做乡村解，也可做故乡解。因此，乡愁旅游不是仅依托乡村进行的，还应融入城市型和乡村型旅游目的地的建设中。

1.城市乡愁旅游

城市的乡愁在哪里？在整个城市中，首先是传统的街道。具有地域特色的路面，街边的店铺及售卖的地方特色的商品，街边小吃店及店中弥漫出的地方小吃味道，街道上行驶的传统交通工具，路边的行道树、路灯，甚至路边的小花，行人发出的乡音等，都能勾起人们的乡愁。更何况，街道深处的老屋、老屋中传奇的故事也都是乡愁承载的空间及载体。其次是传统的社区。城市传统社区也是留住乡愁的重要载体。社区是承载城市文化的重要空间，是了解城市乡土文化的重要基地，是乡愁旅游中体验"人情乡愁"的重要空间。

欧洲国家在其城市发展中很注重对老城的保护和利用。瑞士、德国、法国、西班牙的旅游城市都有特色老城区。这些老城区在一定程度上就是城市乡愁的载体，它们不仅吸引着本地人，同样吸引着远道而来的游客。我国旅游城市建设中也不乏成功例子，如福州的三坊七巷、上海的田子坊、成都的宽窄巷子等都是能让人忆起乡愁、见到乡愁、品味乡愁的地方。

城市旅游中发展乡愁旅游，第一就是保护好承载乡愁的物质及其存在的空间及环境，包括物质环境和氛围环境；第二是挖掘利用好能引发乡愁的资源，分出核心资源和辅助资源，把握好社会效益及经济效益的效益点；第三是讲好乡愁故事，延伸乡愁文化，发挥乡愁文化对城市文化形象塑造的作用；第四是设计好城市乡愁旅游产品和商品，让游客因乡愁而来，回味乡愁、体验乡愁、留住乡愁、带走乡愁。

2.乡村乡愁旅游

乡村的乡愁旅游，首要的是依托村庄、小镇。能承载乡愁的乡村一定是美丽的乡村、主题小镇。美丽乡村、主题小镇的建设要以真实、质朴、生态的环境，乡景、乡风、乡情的意境，建设成乡村、小镇型的乡愁旅游目的地。乡愁，在城镇化建设过程中，也许我们稍不注意，为数不多的乡愁就会消失，因此在具体建设中要把美丽乡村建设与乡村旅游紧密结合，"遵循乡村自身发展规律，充分体现农村特点，注意乡土味道，保留乡村风貌，留得住青山绿水，记得住乡愁"。具体路径是以景村、景镇建设一体化为指导思想，以乡村文化为核心支柱，以乡愁载体（如村镇标志建筑、古老树木、祠堂等）为其吸引物，以乡土情怀为服务意境，把乡愁融入旅游活动要素中，讲好乡愁故事，使乡村小镇成为"舍不得的乡愁"旅游目的地。其次是特色民宿及专业农场、农庄。随着城镇化进程，很多记忆中的乡村意境消失，一些传统、古老的乡愁资源在村镇中不易再现，如不同时期的传统建筑及其陈设、唤起记忆的游戏、置于记忆深处的美食、各色农具、田园耕作、鸡牛马圈、清晨的鸡鸣、傍晚的蛙鸣、果树下的嬉闹、池塘边捞鱼等。这些都可以利用特色民宿、专业农场、特色农庄建设再现出来，形成以农耕乡愁为特色的乡愁旅游地。

（三）乡愁旅游产品及活动设计

乡愁旅游是一种需求倒逼而产生的旅游形式，因此，发展乡愁旅游不仅要有承载乡愁旅游的目的地，还要有具体的产品及活动。没有产品及活动设计，丰富的乡愁旅游资源及吸引要素可能就只会停留在物化的展示上。因此，在认真分析乡愁旅游消费动机及需求的基础上，借助现代观光、体验、休闲旅游的成功经验，设计乡愁旅游产品、组织乡愁旅游活动，是乡愁旅游可持续发展的关键点之一。

乡愁旅游产品及活动设计，应紧扣"乡"，提升"愁"，产品内涵分层次，活动分对象，围绕乡愁的四个维度挖掘文化内涵；产品及活动注重品牌化及系列化，呈现及体验方式重视轻松、愉快、便捷和可重复。

总之，乡愁旅游是一种基于乡愁及乡愁文化而出现的既传统又新兴的旅游形式，在发展中面临诸多需要探索的理论问题和实践难题。乡愁旅游发展需要从不同的视觉、不同的领域进行深层研究，为乡愁旅游发展提供更多的理论支撑和实证成果。

参考文献

[1] 张文. 旅游影响理论与实践 [M]. 北京：社会科学文献出版社，2007.

[2] 干永福，刘锋. 乡村旅游概论 [M]. 北京：中国旅游出版社，2017.

[3] 陈秋华，纪金雄. 乡村旅游规划理论与实践 [M]. 北京：中国旅游出版社，2014.

[4] 罗言云，揭筱纹，王霞，等. 乡村旅游目的地环境生态性规划与管理 [M]. 成都：四川大学出版社，2018.

[5] 章海荣. 双重主客体的建立——文化与经济在旅游业中共生发展理论初探 [J]. 贵州民族学院学报（哲学社会科学版），1993（2）:19-24.

[6] 魏洁. 乡村旅游可持续发展路径探析 [J]. 广东蚕业，2021，55（11）:149-150.

[7] 吕君. 旅游可持续发展的本质及其研究意义 [J]. 北方经济，2006（12）:40-41.

[8] 吴学军. 对社会转型期弱势群体问题的经济学分析 [J]. 中共济南市委党校济南市行政学院济南市社会主义学院学报，2003（2）:44-47.

[9] 张继涛. 旅游主体文化的特征分析 [J]. 湖北大学学报（哲学社会科学版），2003（5）:107-109.

[10] 陈绍友. 发展乡村旅游与重庆大城市带大农村战略 [J]. 重庆师范学院学报（自然科学版），2003（1）:64-67.

[11] 李祝舜，蒋艳. 欠发达旅游地社会文化变迁与社会心理现代化 [J]. 北京第二外国语学院学报，2003（5）:89-93.

[12] 崔凤军，徐鹏，陈旭峰. 文旅融合高质量发展研究——基于机构改革视角的分析 [J]. 治理研究，2020（6）:15-18.

[13] 张洁，赵黎明. 乡村旅游可持续发展的运行体系研究 [J]. 河北大学学报（哲学社会科学版），2009，34（3）:81-84.

[14] 谢彦君. 中国旅游发展笔谈——旅游心理研究实验方法的认识论问题 [J]. 旅游学刊，2020，35（12）:1.

[15] 邹统钎. 绿水青山与金山银山转化的乡村旅游机制探讨 [J]. 旅游学刊，2020，35

（10）:4–7.

[16] 曾武英，范巍 . 采摘观光旅游开发之探析 [J]. 江西财经大学学报，2005（6）:108–110，119.

[17] 吴爱丽 . 河北省休闲农业与乡村旅游的发展模式研究 [J]. 生态经济（学术版），2012（1）:236–238.

[18] 胡明琦，魏琴 . 贵州省低碳生态旅游发展驱动机制的构建——以贵州省为例 [J]. 农业经济，2014（10）:31–33.

[19] 刘琳 . 我国旅游产业融合的障碍因素及其竞争力提升策略研究 [J]. 环渤海经济瞭望，2021（3）:39–41.

[20] 施永红 . 产业融合理论视角下长三角文化产业发展研究 [D]. 上海：上海师范大学，2010.

[21] 王立国，胡明文，钟海燕，等 . 基于乡村旅游的生态文明建设途径探讨 [J]. 安徽农业科学，2008（28）:12400–12401，12404.

[22] 郑耀星，刘国平，张菲菲 . 基于生态文明视角对福建乡村旅游转型升级的思考 [J]. 广东农业科学，2013，40（7）:211–214，222.

[23] 刘思华 . 社会主义生态文明理论研究的创新与发展——警惕"三个薄弱"与"五化"问题 [J]. 毛泽东邓小平理论研究，2014（2）:8–10，91.

[24] 刘运，杨光 . 新型城镇化下我国乡村旅游的生态化转型探讨 [J]. 今日财富，2018（19）:66.

[25] 陈修岭 . 山东传统村落城镇化建设研究 [J]. 山东青年政治学院学报，2016，32（1）:16–19.

[26] 郝帅帅 . 基于乡村旅游的传统村落保护与活化 [J]. 现代经济信息，2018（13）:431.

[27] 陈修岭 . 山东传统村落城镇化建设研究 [J]. 山东青年政治学院学报，2016，32（1）:16–19.

[28] 魏美仙 . 文化生态：民族文化传承研究的一个视角 [J]. 学术探索，2002(4):106–109.

[29] 鲁婉婷 . 乡村旅游移动互联网营销模式探究 [J]. 经营管理者，2016（36）:2.

[30] 毕富利 ."互联网 +"背景下乡村可持续发展旅游模式的研究 [J]. 旅游纵览（下半月），2016（14）:196.

[31] 杨晓东 ."互联网 +"时代乡村生态旅游文化传播发展策略 [J]. 传媒论坛，2019，2（17）:159–160.

[32] 吕倩 ."互联网 +"视野下智慧乡村旅游发展模式研究 [J]. 旅游纵览（下半月），2016（18）:161–163.

[33] 韩俊.农村新产业新业态的发展 [J].中国金融，2017（3）:19-21.

[34] 陈雪钧，李莉.共享经济下康养旅游产业创新发展模式研究 [J].企业经济，2021（12）:152-160.

[35] 林金灼.康养旅游视域下森林小镇高质量发展研究——以福建省宁德市为例 [J].景德镇学院学报，2021，36（5）:39-44.

[36] 许春艳，胡燕婷，陆荣，等.无锡马山亲子教育旅游基地开发研究 [J].山西农经，2020（24）:63-64.

[37] 陈东军，钟林生.我国研学旅游历史发展与思想演变 [J].地理教学，2020（23）:54-55.

[38] 陈东军，谢红彬.我国研学旅游发展与研究进展 [J].世界地理研究，2020，29（3）:598-607.

[39] 易兰兰，崔万秋，张亚卿.教育旅游产品开发研究 [J].产业与科技论坛，2019，18（21）:18-19.

[40] 熊继红.江汉大学花卉——教育旅游综合开发研究 [J].旅游纵览（下半月），2018（8）:204-205.

[41] 庄伟光，邹开敏.关于乡愁旅游的概念与内涵研究 [J].南方论刊，2020（1）:22-25.

[42] 陈晓艳，方婷.乡愁旅游动机对游客忠诚度的影响——以高淳慢城为例 [J].南京晓庄学院学报，2018，34（4）:104-112.

[43] 朱辉.开掘乡愁文化助推全域旅游 [J].旅游纵览（下半月），2017（12）:111.

[44] 段兆雯.乡村旅游发展动力系统研究 [D].杨凌：西北农林科技大学，2012.

[45] 罗月江.互联网产业与传统零售业产业融合度测算及影响因素分析 [D].广州：华南理工大学，2014.

[46] 刘绍山."互动式农家乐"旅游研究 [D].合肥：合肥工业大学，2006.

[47] 吴昊天.恩施市青云崖康养旅游发展对策研究 [D].武汉：武汉轻工大学，2021.

[48] 占逸文.乡愁语境下乡村旅游动机及旅游体验的研究 [D].武汉：华中师范大学，2020.